SONNTAGS NIE AM LIEBSTEN IM OKTOBER

Strategien zum Börsenerfolg

von

ROLAND LEUSCHEL

ISBN 3-922669-01-8

BÖRSENBUCH-VERLAG
Hofmann & Förtsch KG
D-8650 Kulmbach
Tel. 09221/ 20 67 / 20 68
Fax 09221/ 8 45 49

Redaktioneller Abschluß Juli 1991

Inhaltsverzeichnis

SONNTAGS NIE
AM LIEBSTEN IM OKTOBER

Die Börse das unbekannte Wesen

"Um die Zukunft der Aktie einzuschätzen, müssen wir die Nerven, Hysterien, ja sogar die Verdauung und Wetterfühligkeit jener Personen beachten, von deren Handlungen diese Geldanlage abhängig ist."

Lord John Maynard Keynes

"Oktober, dies ist einer der besonders gefährlichen Monate, um in Aktien zu spekulieren. Die anderen gefährlichen Monate sind Juli, Januar, September, April, November, Mai, März, Juni, Dezember, August und Februar."

Mark Twain, Pudd'nhead Wilson

"Geld ist nichts! Aber viel Geld ist schon etwas!", hat Bernhard Shaw humorvoll bemerkt. So mancher glaubt, die Börse sei der richtige Ort, um das ganz große Geld zu verdienen. Einige haben es auch geschafft, mancher sogar legal, die meisten nicht. Ein strahlendes Beispiel für Reichtum und Erfolg an der Börse ist der Amerikaner Warren Buffett. In den Jahren 1957 bis 1969 hat er den Wert seiner Aktien, die er mit anderen Privatleuten zusammen verwaltete, um 30 % pro Jahr gesteigert. Mit seiner Gesellschaft Berkshire Hathaway, die er 1965 für 20 Millionen Dollar erwarb, ging es erst richtig los. Inzwischen ist sie fast 10 Milliarden Dollar wert, und Warren Buffet, der 40 % der Aktien dieser Gesellschaft besitzt, ist laut Forbes Magazine der zweitreichste Mann Amerikas. Die Aktionäre der

Gesellschaft haben am Reichtum teilgenommen. Der Wert eines Anteils stieg von $ 240 im Jahr 1980 auf rund $ 9.000 im Juli 1991. Es erscheint dem Anleger logisch und verführerisch, seinen eigenen Investmentwaggon an einen solchen Erfolgszug anzuhängen. Die letzten drei großen Investitionen von Buffett waren USAir, Gillette und Salomon Brothers. Gillette brachte ihm in den letzten zwei Jahren einen schönen Gewinn von 50%, aber die beiden anderen sind Sorgenkinder geworden, besonders die renommierte und alteingesessene Wall Street Investmentbank Salomon Brothers, die in einen der größten Wall Street Skandale verwickelt ist. Dabei hat es an Warnungen nicht gefehlt. In dem 1989 erschienen Buch "Wall Street Poker" eines ehemaligen Salomon Anleihenhändlers wurde anschaulich dargestellt, inwieweit die Händler und die Geschäftsleitung dieser Firma mit astronomischen Beträgen spekulierten, den Anleihenmarkt manipulierten und systematisch die Mitkonkurrenten in ausgeklügelte Fallen lockten. Mitte August 1991 nahmen die beiden führenden Manager ihren Hut, und Warren Buffett darf sich nun selbst um sein notleidendes Investment kümmern. Jeder, der an die Managementqualitäten dieses Mannes glaubt, kann an Wall Street Aktien von Salomon Brothers kaufen. Er kann auch die Aktien der zehntgrößten amerikanischen Bank Wells Fargo oder die von American Express erwerben, es sind die beiden letzten großen Investitionen von Warren Buffett. Erfolge in der Vergangenheit sind jedoch keine Garantie für Erfolge in der Zukunft.

Nach über 30 Jahren Berufserfahrung verstehe ich

besser, warum die Börse in Frankreich "la bourse" heißt und auch in der deutschen Sprache weiblich ist. Sie ist und bleibt weiblich, unergründlich, unberechenbar, launisch, von Gefühlen und Neuigkeiten stark abhängig, aber auch ganz besonders faszinierend. Wer an der Börse Erfolg haben will, muß neben fundamentalen Kenntnissen ein Gespür für den Trend haben. Er braucht aber auch, um ehrlich zu sein, etwas Glück. Wer es an der Börse geschafft hat, sollte sich der Worte des berühmten Portugiesen Don Joseph de la Vega erinnern, der schon 1688 in einem Buch über Börsenspekulationen philosophierte: ***"Wenn euch Fortuna die Hand reicht und ihr erfolgreich spekuliert, so nehmt dies bescheiden hin, preist anständig euer Geschick und verscherzt nicht durch Hochmut die günstige Fügung."***

Und so gibt es viele Anleger, die dem Faktor Glück in diesem Zusammenhang besonderes Gewicht beimessen. Es sind die Spekulanten oder Spieler. Sie tummeln sich auf einer immer größer werdenden Spielwiese und versuchen ihr "Glück" mit Optionen, Futures, Calls, Puts, Warrants und dergleichen. Für diese Kategorie von Investoren sind die Konstellationen der Sterne, mathematische Formeln, Zahlenreihen, Dreiecksformationen, Wellenbewegungen und derlei Hokuspokus die wertvollsten Unterlagen für ihre Anlageentscheidungen. Für den seriösen Anleger allerdings sind Zinstrends, Inflationsraten, Gewinnwachstum, Währungsveränderungen, Lohnentwicklung, politische Veränderungen die fundamentalen Daten und entscheidend für den Ein- oder Ausstieg an der Aktienbörse.

Eine andere Kategorie von Anlegern behauptet, es sei völlig uninteressant, wann man eine Aktie kaufe; wenn man die richtige Wahl getroffen habe, werde man mit ihr langfristig auf jeden Fall Geld verdienen. ***"Offensichtlich muß man nicht in der Lage sein, den Aktienmarkt vorherzusagen, um mit Aktien wirklich Geld zu verdienen"***, erklärt einer der besten amerikanischen Investmentmanager Peter Lynch in seinem Buch "Der Börse einen Schritt voraus". Nur ein langfristig orientierter Anleger kann mit dieser Strategie Erfolg haben, durfte sich dann allerdings im November oder Dezember 1987 nicht wundern, wenn sein Vermögen plötzlich nur noch die Hälfte wert war und er gerade zu diesem Zeitpunkt aus irgendwelchen Gründen Liquidität brauchte.

Die Begriffe der Kurz-, Mittel- oder Langfristigkeit sind relativ und dehnbar. Für einen Fondsmanager vom Format eines Peter Lynch dürfte langfristig ein Zeitraum von 10 bis 15 Jahren sein, für einen normalen Portfolio-Manager einer Bank 10 bis 15 Monate, für einen Devisenhändler 10 bis 15 Stunden und für einen Futures-Händler in Chicago 10 bis 15 Minuten. Manchmal hängt die Fristigkeit einer Anlage vom Erfolg ab. Hat die Anlage kurzfristig keinen Erfolg, wird sie notgedrungen zur langfristigen. Ein gutes Beispiel dafür liefert der belgische Anleihenmarkt. Im Jahr 1981 legte der belgische Staat eine Anleihe auf, die mit einem Zinskupon von 14,25 % ausgestattet war. Sie hatte beim Publikum keinen Erfolg, da die Erwartung auf noch höhere Zinsen groß war. Die belgischen Banken hatten diese Anleihe, wie damals üblich, fest übernommen, und es blieb ihnen nichts anderes übrig, als die nicht abgesetzten Stücke in ihr eigenes Portefeuille zu nehmen. In den darauffolgenden Jahren der Desinflation und der rückläufigen Zinssätze erwies sich gerade diese Anleihe als eine Superanlage. Außenstehende durften dies als geschickte Portefeuille-Strategie der Banken ansehen.

Apropos Zinsniveau: Auch die deutschen Anleger verhalten sich prozyklisch. Bei hohen Zinsen werden Anleihen gemieden, sinken aber die Zinsen, steigen die Anleihen wieder in der Gunst der Anleger. Wie aus Chart 1 hervorgeht, verkauften per Saldo Anleger deutsche Rentenfonds, als 1981 die Zinsen bei etwas über 11 % standen und stürzten sich auf Rentenfonds, als die Zinsen 1986/87 unter 6 % fielen. Ohne Zweifel spielt bei der Anlageentscheidung neben der verfügbaren Liquidität die jeweilige Wertentwicklung eine große Rolle. Bei einem Zinsverfall von 11 auf 6 % haben die Werbe- und Verkaufsmanager dieser Fonds leichtes Spiel: Jedem Anleger kann deutlich vorgerechnet werden, was er in den vergangenen Jahren hätte gewinnen können und somit versäumt hat. Und der Anleger schreibt diese Entwicklung auf die nächsten Jahre fort.

Aktien eine überdurchschnittliche Anlage?

Es wurden viele Studien veröffentlicht, die zu demselben Ergebnis kamen: Eine Anlage in Aktien ist anderen Anlageformen wie Liquidität und Anleihen überlegen. Meistens wurden diese Studien von

Brokerhäusern, Banken oder Investmentgesellschaften in Auftrag gegeben. Die Analysten rechneten dann so lange, bis das gewünschte Ergebnis erzielt wurde. Dabei ist der gewählte Zeitraum von besonderer Bedeutung.

Ich habe die Entwicklung des MSCI Weltindex seit seiner Einführung am 1.1.1970 analysiert. Der Morgan Stanley Capital Index spiegelt die Entwicklung der gesamten Weltbörsen wider, wobei New York und Tokio mit rund 70 % der Weltbörsenkapitalisierung das Geschehen eindeutig dominieren. Die deutsche Börse spielt hier nur eine bescheidene Nebenrolle; deutsche Aktien repräsentieren rund 6 % aller Aktien in der Welt, nicht mehr.

Auf den ersten Blick ist die Entwicklung dieses Indexes spektakulär, besonders seit Herbst 1982 (Chart 2). Der Index stieg vom 1.1.1970 bis Mitte Juli 1991 von 100 auf fast 500. Eine Anlage in Aktien hat sich also verfünffacht. Doch Vorsicht! Dieser Index wird in amerikanischen Dollar berechnet. Für deutsche bzw. europäische Anleger ist es jedoch nur sinnvoll, ihn in D-Mark zu berechnen, und da sieht das Ergebnis etwas anders aus. Wegen der Schwäche des amerikanischen Dollars (er fiel von 3,60 DM auf rund 1,80 DM im selben Zeitraum) stieg der MSCI Weltindex in D-Mark von 100 am 1.1.1979 auf 243 Mitte Juli 1991; das wären 4,6 % pro Jahr (Chart 3). Vielen Anlegern wird dieses Ergebnis mager erscheinen. In Wirklichkeit ist es jedoch noch geringer; denn bei dieser Berechnung bin ich davon ausgegangen, die jährliche Nettorendite dieser Aktien kompensiere die Inflationsrate und die Kosten (Kaufspesen, Depotgebühren). Damit wären die 4,6 % die reale Verzinsung eines international gestreuten Portefeuilles, ein Ergebnis, das beim näheren Hinsehen gar nicht so schlecht ist, denn im selben Zeitraum erreichte das jährliche reale Wirtschaftswachstum mit Sicherheit keine 4,6 %. Der Wert der Aktien ist also stärker gestiegen als die Wirtschaft insgesamt. Ich bin mir aber bewußt, daß diese Rechnung etwas zu optimistisch ist. In aller Regel klopft auch das Finanzamt an die Tür des Aktionärs und nimmt ihm einen Teil seines Gewinnes wieder weg.

Dieses Beispiel sollte sich jeder Anleger, aber auch jeder Spekulant, immer vor Augen halten. Die Aktienbörse ist keine Wundertüte. Langfristig erhöht sich der Wert der Aktien in Relation zum Wachstum der Wirtschaft. Wer logisch denkt, kann auch gar nichts anderes erwarten. Dies schließt natürlich zwischenzeitlich auftretende außergewöhnliche Gewinnentwicklungen nicht aus. Wer etwa nach dem Krach 1987 einen Teil seiner Liquidität in Aktien anlegte, konnte bis September 1989 im Durchschnitt über 50 % verdienen. Dies setzte aber den rechtzeitigen Verkauf von Aktien vor dem Krach voraus. Vergessen wir jedoch nicht die Käufer dieser Aktien vor dem 19. Oktober 1987, die vielleicht erst heute ihre Einstandskurse von damals wiedersehen.

Die 80er Jahre waren nicht nur die goldenen Jahre der Aktien sondern auch die der Anleihen. Vom Umfang her ist der Anleihenmarkt erheblich größer

als der Aktienmarkt, und daher betragen die auf dem Anleihenmarkt realisierten Gewinne entsprechend höher. An Wall Street erzielte eine Investmentbank wie Salomon Brothers Gewinne in Milliardenhöhe auf dem Anleihenmarkt, besonders auf dem Markt der Hypotheken. Ein Steuererleichterungsgesetz des amerikanischen Kongresses vom September 1981 schaffte die gesetzlichen Grundlagen, die eine Clique von skupellosen Anleihenhändlern schamlos ausnutzte. Dieses Beispiel zeigt auch, wie naiv Politiker sein können bzw. wie das kapitalistische System einer kleinen Minderheit große Gewinne verschafft, die letzten Endes der Steuerzahler mit Hilfe von Gesetzen derselben Politiker finanzieren muß. “Das ganze lief darauf hinaus, daß Wall Street ganz massiv vom Kongreß subventioniert wurde”, bekennt freimütig Michael Lewis, ein ehemaliger Anleihenhändler von Salomon Brothers. Heute sind die Sparkassen (Saving and Loans) in Amerika in einer katastrophalen Lage, und der in den kommenden Jahren vom Steuerzahler zu finanzierende Verlust dürfte zwischen 300 und 500 Milliarden Dollar liegen. Als das Geschäft mit den Hypotheken dieser Sparkassen 1986/87 mehr oder weniger zu Ende ging, brachte ein anderes Anleihengeschäft wiederum Milliardengewinne: Das Geschäft mit den Ramschanleihen oder Müllpapieren, den sogenannten “Junk Bonds”. Dieses Mal war nicht Salomon Brothers der Großverdiener, sondern Drexel Burnham Lambert bzw. Michael Milken, der, bevor er ins Gefängnis wanderte, Gewinne von über einer Milliarde Dollar einsteckte.
Von der menschlichen Seite wird im allgemeinen

wenig gesprochen. Insofern ist das Buch "Wall Street Poker" von Michael Lewis eine große Ausnahme, da er schonungslos die Händlermentalität anprangert: "Man war sich hier (im Händlerraum) darüber einig, daß das rücksichtslose Verfolgen egoistischer Interessen ein Zeichen von seelischer Gesundheit sei."

Inflation oder nicht, das ist die Frage

Hamlet würde heute sagen: "Inflation oder Nicht-Inflation, das ist die Frage." Unter Berücksichtigung der Inflationsraten seit 1970 hätte der Weltindex in D-Mark gerechnet im Juli 1991 bei 109 gestanden (Chart 4). Fürwahr kein erfreuliches Ergebnis. Immerhin konnte der Anleger mit Aktien sein Vermögen in den letzten 20 Jahren real erhalten. Ende 1979 hätte er allerdings einen Verkaufserlös von nur etwas mehr als einem Drittel erzielt. In den 70er Jahren war die Inflation der größte Feind der Aktienanlagen.

Wie sich Aktien im Vergleich zu anderen Anlagen verhalten, können wir nur in Amerika verfolgen, einem Land, das eine lange kapitalistische Tradition hat und nie einen Währungsschnitt vornehmen mußte. Für Deutschland gilt dies leider nicht, es gab zwei Währungsreformen, die erste 1923 und die zweite 1948. Die über 100 Jahre alten Statistiken in Amerika zeigen unterschiedliche Ergebnisse, die in erster Linie von der Geldwertentwicklung abhängen:

- In Zeiten der Stabilität (Chart 5) sind Anleihen, kurzfristige Anlagen, Immobilien und Agrarland keine schlechte Anlage, aber im Grunde genommen gibt es nur eine herausragende: Aktien - sie stiegen bis zu 25 % im Jahr.

- Auch in Zeiten gemäßigter Inflation bzw. rückgängiger Inflationsraten, wie z.B. 1981 bis 1986, sind Aktien die beste Anlageform. Anleihen und kurzfristige Anlagen erwirtschaften einen überdurchschnittlichen Ertrag. Bei Gold und Silber oder Agrarland sind die Ergebnisse negativ (Chart 6).

- Anders sehen die Ergebnisse aus, sobald die Inflationsraten zwischen 4 und 15 % im Jahr liegen (Chart 7). Dann sind Immobilien, Agrarland, Gold und Silber Spitzenreiter.

- In der Geschichte hat es aber auch Perioden rückläufiger Preise gegeben, auch Deflation genannt. Die letzte derartige Periode lag zwischen 1929 und 1932, und da waren die Ergebnisse von Aktienanlagen katastrophal. Verluste gab es auch bei Immobilien, Agrarland und Edelmetallen. In einer solchen Phase sind Anleihen und kurzfristige Anlagen (Liquidität, Termineinlagen bei Banken etc.) die beste Art, sein Vermögen zu schützen (Chart 8). Es ist interessant festzustellen, daß die letzte Deflation (1929 - 1932) einer Zeit relativer Stabilität (1921 - 1929) folgte, der wiederum eine starke Inflation vorangegangen war. Die Frage ist also berechtigt, ob wir nicht einen ähnlichen Ablauf der Geschichte wiedererleben: 1971 - 1981 starke Inflation, 1981 - 1991 gemäßigte Inflation und ab 1992 Deflation.

Ein holländischer Meister aus dem 19. Jahrhundert

Auf einer Veranstaltung der Nassauischen Sparkasse in Limburg im Frühjahr 1991 hatte ich die 700 Zuhörer um Antwort auf ein Rechenexempel gebeten. Am 24. Oktober 1893 wurde in Holland ein Gemälde des holländischen Meisters Otto Eerelman "De Boeren Bruiloft" zu 1.100 Gulden verkauft. 98 Jahre später, am 24. April 1991, wurde das Werk bei Christie's in Amsterdam öffentlich versteigert. Die Schätzung von Christie's belief sich auf 55.000 bis 80.000 Gulden. Ein Käufer ersteigerte das Bild schließlich für 150.000 Gulden. Meine Frage lautete: Wie hoch war die jährliche Wertsteigerung bei 55.000, bei 80.000 und bei 150.000? Eine kleine Minderheit, es handelte sich ohne Zweifel um Profis, gab die exakten Antworten, bei der großen Mehrheit des Publikums waren die Antworten nicht weit von der Realität entfernt. Nur eine Minderheit hegte Illusionen und errechnete jährliche Zuwachsraten von 20 bis 70 %. Die exakte Antwort lautet:

- 4,07 % bei 55.000 Gulden
- 4,47 % bei 80.000 Gulden
- 5,14 % bei 150.000 Gulden

Insofern ist die Reaktion des Publikums positiv einzuschätzen und beweist, daß die meisten Anleger realistische Vorstellungen von Wertzuwächsen haben.
Diese jährlichen Zuwachsraten sind Bruttozahlen ohne Berücksichtigung der Geldentwertung. Für

1.100 Gulden konnte man im Jahre 1893 mit Sicherheit einige Tausend Quadratmeter Grund und Boden in Amsterdam erwerben, heute wird man wahrscheinlich für 150.000 Gulden nur einen einzigen Quadratmeter in der Innenstadt bekommen.

Notwendigkeit einer Strategie

Alle diese Zahlen zeigen die Notwendigkeit einer Strategie, um ein Vermögen zu erwerben, zu erhalten und zu mehren. Ich glaube, mit gesundem Menschenverstand, umfassenden Informationen und viel Arbeit ist es auch für den Privaten möglich, diese drei Ziele zu erreichen. Er sollte dies nicht allein seiner Bank, seinem Broker oder seinem Vermögensverwalter überlassen.

Ein gutes Beispiel und noch frisch in Erinnerung ist das Jahr 1990. Im Frühjahr war die Börsenwelt noch in Ordnung. Der Mini-Krach von 1989 gehörte der Vergangenheit an, und die Börsenkurse stiegen weltweit. Der Weltindex erholte sich von 444 auf 567 Punkte (+ 28 %), in Deutschland näherte sich der Dax-Index der 2.000-Marke. Namhafte Banken gaben Kaufempfehlungen heraus, und für Ende des Jahres wurde das Ziel auf 2.200 - 2.300 gesetzt. Als Direktor bei der Banque Bruxelles Lambert (BBL) und Verantwortlicher für die Strategie hatte ich eine schwierige Zeit. Hinzu kam die Beteiligung an einem Wettbewerb im Rahmen des Börsenspiels “Grand mit Vieren”, das von der “Wirtschaftswoche” und der SAT 1 "Telebörse" organisiert worden war. Der Bekanntheitsgrad dieses Börsenspiels überraschte mich. Ich hätte meine Beteiligung nie zugesagt, wenn ich geahnt hätte, in welchem Maße gerade Anlage-berater der Sparkassen, der Volksbanken und der Bankenwelt allgemein diesen Wettbewerb verfolgten. Das galt für den gesamten deutschsprachigen Raum, also auch für Österreich und einen Teil der Schweiz. Bei der Österreichischen Länderbank (ÖLB) bin ich seit 1989 als Berater für Anlagestrategien tätig. Meine Strategie für die BBL und die ÖLB wie auch für das Börsenspiel war von größter Vorsicht gekennzeichnet. Aktien wurden untergewichtet (25 - 30 %) und kurzfristige Anlagen übergewichtet. Sowohl bei der BBL als auch bei der ÖLB meldeten im Frühjahr 1990 einige Kunden Kritik an, und unsere Vermögensverwalter hatten keinen einfachen Stand. Sie hielten die Strategie durch, und als dann weltweit die Aktienkurse purzelten, der MSCI fiel Anfang 1991 auf 430 (- 26 %), verstummte die Kritik. Die Vorstandsmitglieder Konrad Rumpold von der ÖLB und Yves Petit von der BBL gaben den Vermögensverwaltern wertvolle Rückendeckung; denn einer der schwierigsten Berufe im Bankenbereich ist der des Vermögensverwalters. Er braucht die volle Unterstützung seines Vorstandes, um eine antizyklische Strategie durchhalten zu können.

Es lebe der Rentier

Seit mehr als vier Jahren gibt es eine Gruppe von Anlegern, die besonders glücklich sein dürften: die sogenannten Rentiers. Wer in diesem Zeitraum seine Ersparnisse kurzfristig anlegte, sei es in Termingeldern bei Banken, in Geldmarktfonds oder ganz schlicht in Tagesgeld, erwirtschaftete den besten Ertrag, besonders in D-Mark und in Yen (Chart 9). Er verdiente mehr als der risikoorientierte Anleger und vor allen Dingen mehr als der produktive Teil der Volkswirtschaft. Ich glaube nicht, daß man über einen längeren Zeitraum den Rentier zu Lasten des Produzenten bevorzugen kann. In einer Zeit, in der langfristiges Kapital gesucht ist wie nie zuvor, um z.B. die Infrastrukturen in Ostdeutschland und ganz Osteuropa aufzubauen, werden kurzfristige Termingelder bei Banken höher verzinst als langfristige Anlagen. Dieser Zustand ist nicht lange haltbar.

Es gibt im Grunde genommen nur drei Möglichkeiten, diesen Zustand zu beenden:
- Wir verzichten auf die Entwicklung des Ostens,
oder
- die kurzfristigen Zinsen fallen kräftig,
oder
- es entsteht eine tiefe Krise.

Es ist auch denkbar, daß das seit 1979 bestehende europäische Währungssystem der festen Wechselkurse in Turbulenzen gerät. Die Stabilitätspolitik der Deutschen Bundesbank hat in Europa Schule gemacht: Mehr und mehr Notenbanken in der EG haben ihre Geldpolitik an der Bundesbank ausgerichtet. Infolge der unsoliden Finanzpolitik der Kohl-Regierung seit 1990 auf der einen Seite und des Festhaltens an einer rigorosen Geldpolitik der Bundesbank auf der anderen Seite entsteht nun in der EG ein Zinsniveau, das sich nach dem Land mit der besten Konjunktur, nämlich Deutschland, ausrichtet. Frankreich ist dagegen schon in der Rezession und hat im Juni 1991 zum ersten Mal seit 1973 eine niedrigere Inflationsrate (3,3 %) als Deutschland (3,5 %), dafür aber eine Million Arbeitslose mehr. Es wird zum Konflikt kommen, denn ich glaube nicht, daß die Franzosen mit diesem Zustand politisch lange leben können. Es sei denn, die zusätzliche Million arbeitsloser Franzosen sind zufrieden damit, daß sich ihr nichtverdientes Geld weniger stark entwertet als in der Bundesrepublik. In Frankreich bekommen die Rentiers inzwischen die höchste reale Verzinsung aller EG-Staaten (über 6 %). Da liegt viel politischer Zündstoff bereit.

ERINNERUNGEN EINER KARRIERE

Bruxelles und Banque Lambert

Als ich im September 1963 als Vertreter der Berliner Handels-Gesellschaft im Eurosyndicat Investment Research Bureau in Brüssel als Finanzanalyst begann, konnte ich nicht wissen, wie lange diese für ein Jahr vorgesehene Tätigkeit dauern würde. Das E.I.R.B., wie es auch genannt wurde, war ein gemeinsames europäisches Abenteuer einiger Privatbanken, darunter auch der Berliner Handels-Gesellschaft aus Frankfurt. Die anderen Partner waren der Crédit Commercial de France aus Paris, Pierson, Heldring & Pierson aus Amsterdam, die Banque Privée aus Genf, die Baron Edmond de Rothschild gehörte und inzwischen Banque Privée Edmond de Rothschild firmiert, die Banca Commerciale aus Mailand und nicht zuletzt die Banque Lambert aus Brüssel. Der Spiritus Rektor war ohne jeden Zweifel die Banque Lambert, die seinerzeit als Banque d'affaires oder Investment Bank in Europa Furore machte und in Belgien die viertgrößte Bank war. Wir machten zu dieser Zeit im E.I.R.B. Vergleiche auf europäischer Ebene, und so wurden Gesellschaften wie Bayer nicht nur mit Hoechst und BASF, sondern mit ICI, Rhône Poulenc etc. verglichen. Es war für die damaligen Analysten ein schwieriges Unterfangen, denn jede Bank war überzeugt, die in ihrem Land tätigen Gesellschaften seien die besten, und wehe dem, der gegen dieses "ungeschriebene Gesetz" verstieß. Ich habe mehrfach dagegen verstoßen.
Die Finanzanalysten hatten jedoch noch ganz an-

dere Schwierigkeiten zu überwinden. Im Gegensatz zu amerikanischen Bilanzinformationen waren die europäischen eher spärlich. Bei deutschen Gesellschaften mußte man die Gewinne der Aktiengesellschaften auf Basis der gezahlten Steuern schätzen. Eine deutsche Gesellschaft hatte grundsätzlich drei Gewinne: den in der Bilanz veröffentlichten, den vom Finanzamt zur Steuerberechnung akzeptierten und den echten. Im übrigen galt das Wort von Fürstenberg: "Die Bilanz ist wie ein Bikini, sie zeigt zwar eine ganze Menge, aber das, was man gerne sehen möchte, ist schamhaft verhüllt." In Belgien zum Beispiel wurde noch nicht einmal der Umsatz einer Gesellschaft bekanntgegeben. Das ließ der Phantasie freien Lauf. Als 1968 die Aktie des belgischen Unternehmens Solvay an verschiedenen europäischen Börsen eingeführt wurde, war ich beauftragt, einen Vergleich dieser Gesellschaft mit den deutschen Chemieunternehmen zu erstellen. Der Leiter des Analysenbüros der Banque Lambert gab mir die vertrauliche Information, der Umsatz des Solvay-Konzerns sei so hoch wie der der drei deutschen Unternehmen BASF, Hoechst und Bayer zusammen. Es ist daher nicht verwunderlich, daß diese Börseneinführung ein "Flop" wurde. Der Aktionär mußte über zehn Jahre warten, bis er seinen Zeichnungskurs wiedersah.

An einige herausragende Fälle kann ich mich noch erinnern. Im E.I.R.B. wiesen wir in einer vergleichenden Studie der europäischen Automobilindustrie auf die strukturellen Schwächen des Volkswagen-Konzerns hin. Volkswagen hatte damals alles auf den Käfer konzentriert, und diesbezüglichen Warnungen begegnete der Konzern mit einer Anzeigenserie, die berühmt wurde: ".... und läuft, und läuft, und läuft!" Zum Beispiel verbot der damalige Chef Nordhoff, einen Käfer mit vier Türen zu bauen. Wir bemängelten diese Tatsache und waren überzeugt, der Markt würde dies eines Tages sanktionieren. Auch wagten wir es, vor der kommenden japanischen Konkurrenz zu warnen, die damals in Belgien mit dem Absatz ihrer Automobile begann. Der mitverantwortliche Finanzanalyst, der Holländer Andreo Ijsselstein, und ich fuhren nach Wolfsburg, um unseren Standpunkt zu verteidigen. Die Diskussionen verliefen in einem frostigen Klima. Der Verkaufschef von Volkswagen konnte nicht verstehen, daß ich als deutscher Vertreter einer deutschen Bank im Ausland kein deutsches Auto fuhr. Aber an derlei Kritik war ich schon gewöhnt. Mein früherer Chef in der BHG, Dr. Otto Wachs, fauchte mich schon im Jahre 1964 an, als ich ihn am Brüsseler Flughafen mit meinem Triumph abholte: "Kann Ihnen die deutsche Automobilindustrie kein geeignetes Produkt anbieten?" lautete die Begrüßung. Ich sagte kurz und bündig: "Nein!" Als Junggeselle mit 1.500DM Monatsgehalt konnte ich mir keinen Porsche leisten, und nur die Engländer bauten damals Sportwagen in einer Preisklasse von 6.000 DM. Ich hatte übrigens viel Freude an diesem Auto, wenn auch mein Image als Deutscher im Ausland darunter litt.

Die Arbeit im E.I.R.B. machte mir viel Spaß, und ich fing recht früh an, vergleichende Studien in der Presse zu veröffentlichen. Meine ersten Artikel wurden regelmäßig im deutschen Wirtschaftsmagazin "Der Volkswirt" veröffentlicht, das später in der "Wirtschaftswoche" aufging. Ich schrieb vergleichende Analysen zwischen europäischen Banken und Versicherungen, was in jener Zeit ein Novum war. "Der Volkswirt" zahlte für derlei Studien mindestens 300 DM, und die steuerliche Belastung in Belgien war sehr gering. Mit solchen Zeitungsartikeln konnte ich mein Gehalt verdoppeln. Wenn ich heute für einen Artikel 1.000 DM und mehr bekomme, dann bleiben mir nach belgischem Steuergesetz rund 150 DM übrig. Damit kann ich gerade das Geschäftsessen für eine Person in meinem Lieblingsrestaurant "Villa Lorraine" bezahlen.

Bayer: drittklassig

Die schwierigste Situation in meinem Berufsleben erlebte ich 1971. Ich war inzwischen zum Generalsekretär des E.I.R.B. aufgestiegen, und wir wollten ein neues Produkt auf den europäischen Markt bringen. In Amerika und auch Großbritannien spielten schon in dieser Zeit die sogenannten "Ratings" der Gesellschaften eine große Rolle. Die Firmen wurden je nach Gewinn, Dividende, Entwicklung und Bilanzsituation mit "Noten" versehen. "Triple A", also dreifaches A, ist das höchste und "C Minus" das schlechteste Rating. Firmen mit einem dreifachen A erhalten Kredite zu günstigeren Bedingungen als Firmen mit schlechteren Noten. Ich hatte damals mit Zustimmung der großen amerikanischen Firma Standard & Poors vereinbart, ein europäisches Ratingsystem nach der

Standard & Poors Formel zu erstellen. Wir hatten im E.I.R.B. die Bilanzen und Gewinn- und Verlustrechnungen der 400 größten europäischen Aktiengesellschaften untersucht, ein ungeheurer Arbeitsaufwand, von dem unser 15-köpfiges Analystenteam über ein Jahr lang in Anspruch genommen war. Als das Werk stand, mußte es natürlich verkauft werden; denn wir bestanden schon damals darauf, kein Kostenfaktor sondern ein Ertragselement unserer Banken zu sein. Dazu brauchten wir die Presse. Es erschienen viele positive Artikel über unser Ratingsystem, und ich hatte allen Grund optimistisch zu sein.

Dann kam plötzlich die Wende. Das bekannte und einflußreiche deutsche Wirtschaftsmagazin "Capital" schickte eine Journalistin, die einen ganzen Tag mit unseren Analysten verbrachte und einen Artikel unter dem etwas reißerischen Titel "Bayer: drittklassig" schrieb. Als ich diese Schlagzeile auf der Titelseite entdeckte, ahnte ich Schlimmes, und dies zu Recht. Es setzte ein wahres Kesseltreiben einiger deutscher Industriemanager und Banker gegen mich ein, und die beiden deutschen Vertreter im Aufsichtsrat des E.I.R.B. sahen sich gezwungen, meinen Kopf zu verlangen. Nach dem veröffentlichten Bewertungssystem standen drei deutsche Unternehmen an letzter Stelle: Neckermann, AEG und Rheinstahl. Ein Freund aus der BHG rief mich bestürzt an und riet mir, den letzten Geschäftsbericht der BHG einmal genau durchzulesen. Aus der Zusammensetzung des Aufsichtsrates und dem Bilanzkommentar wurde mir klar, diese drei Firmen waren die Kredit-

Großkunden der BHG. Im Falle Neckermann hatte ich sogar den Verdacht, die Beteiligung der Familie Neckermann an der Kapitalerhöhung war zum großen Teil ebenfalls mit Krediten finanziert. Es gab damals sehr unschöne Szenen, und wir wurden im E.I.R.B. gezwungen, das "Rating" wieder einzustellen. Unsere belgischen, holländischen, französischen und italienischen Analysten waren erwartungsgemäß frustriert, hatten aber gleichzeitig eine Lehre über den damaligen Stand kapitalistischer Strukturen in der Bundesrepublik bezogen. Die Zeit war also noch nicht reif für "amerikanische" Verhältnisse auf dem europäischen Kapitalmarkt. Ein paar Jahre später, als Neckermann und Rheinstahl mehr oder weniger pleite waren und AEG nur durch Fusion "gerettet" wurde, konnte ich mir eine bissige Bemerkung dem damaligen Geschäftsinhaber der BHG gegenüber, Dr. Klaus Dohrn, nicht verkneifen: "Die BHG hätte sich einige hundert Millionen DM Abschreibungen ersparen können, wenn sie anstelle ihrer scharfen Kritik mir gegenüber die Studie des E.I.R.B. genau analysiert und die notwendigen Schlüsse gezogen hätte."

Heute scheint die Zeit reif, und so wurde im April 1991 eine deutsche Projektgesellschaft für eine europäische Rating-Agentur gegründet. Da die Geschäftsführer von der Deutschen Bank kommen, brauchen sie das Schicksal des E.I.R.B.-Rating nicht zu fürchten. Seltsam mutet aber die Prognose der Zeitschrift DM an, die Rating-Agentur stehe vor einer "Sisyphusarbeit", also vor einer erfolglosen Anstrengung.

Die ganze Geschichte um das "Rating" war für meine berufliche Laufbahn ein Schlüsselerlebnis, das mich endgültig veranlaßte, in Brüssel zu bleiben und nicht, wie eigentlich vorgesehen, in die Bundesrepublik zurückzukehren. Als auch die Auslandsabteilung der Banque Lambert von einigen deutschen Kunden negative Reaktionen zu spüren bekam, dieser Artikel also für die belgische Bank geschäftsschädigende Wirkungen zeigte, und ich mir größte Sorgen um meine berufliche Zukunft machen mußte, kam "rein zufällig" Baron Lambert an meinem Büro vorbei, und wir diskutierten über die Zukunft des amerikanischen Dollars. Ganz nebenbei bemerkte er, von einem gewissen Artikel in der deutschen Presse gehört zu haben und sagte: "Wenn die Puppen tanzen, muß das einen guten Grund haben. Machen Sie sich nichts daraus, die hören auch wieder auf zu tanzen, und eines Tages wird auch in Deutschland ein Rating-System geduldet werden." Das war Balsam auf meine Wunden.

Die dynamische Rentenaktie

Eine Zeitlang schrieb ich im "Handelsblatt" regelmäßig eine Kolumne über die Börse. Die Reaktionen entsprachen nicht immer den Erwartungen. So schrieb ich über die Siemens-Aktie einen Artikel, den die Geschäftsleitung nicht sehr schätzen konnte. In der Tat wies ich auf die hohe Liquidität des Unternehmens hin und errechnete den Nettozinsertrag (nach Abzug der Zinsaufwendungen).

Er entsprach in etwa dem veröffentlichten Gewinn des Unternehmens. Mein Urteil, es handle sich bei der Siemens-Aktie eher um ein Rentenpapier, da der Gewinn ausschließlich aus Anlagen in Staatsanleihen und nicht aus Investitionen in die Zukunft resultiere, war überzogen, wenn auch nicht unbegründet; denn man konnte dem Unternehmen natürlich nicht die unternehmerischen Fähigkeiten absprechen. Am nächsten Tag erhielt ich einen Anruf vom Generaldirektor einer großen deutschen Bank, der mir "aufmunternd" erklärte: "Das war wohl Ihr letzter Artikel, oder hat Ihre Bank etwa keine Geschäftsbeziehungen zu dem Weltunternehmen Siemens?" Als Wertpapieranalyst hatte ich wirklich nicht an diesen Aspekt gedacht und war nun auf das Schlimmste vorbereitet. Als aber nach einem Monat noch immer keine Reaktion von Seiten des Unternehmens vorlag, rief ich meinen oben genannten Anrufer an, und dieser gab mir die Erklärung: "Zum einen hat sich der Siemens-Vorstand unerwartet großzügig gezeigt und zum anderen hat Ihnen die Tatsache geholfen, daß Siemens jährlich eine nicht unerhebliche Summe an Subventionen aus Bonn erhält", aber davon stand in meinem Artikel nichts.

Ich blieb also in Brüssel bei der Banque Lambert, die 1974 mit der Banque de Bruxelles fusionierte. Rückblickend verstehe ich den von mir wegen seiner Schlagfertigkeit verehrten großen deutschen Bankier Carl Fürstenberg, der anläßlich der Fusion zweier Großbanken 1931 süffisant bemerkte: "Fusionieren beruht auf gegenseitiger Überschätzung." Für mich hatte diese Fusion eine besondere Bedeutung. Ich hatte als junges Direktionsmitglied 1971 den damals größten Hypothekarkredit eines Angestellten beantragt, und mein Vorgesetzter bat mich, entsprechende Eigenmittel vorzuweisen. Ich fragte ihn höflich, bei welcher Bank und zu welchem Zinssatz ich diese am günstigsten erhalten könnte. Er sah mich komisch an, lächelte schließlich und gab mir schließlich den Tip, mich an die Banque de Bruxelles zu wenden. Dort erhielt ich einen Personalkredit. 1974 fusionierten damit auch mein Hypothekarkredit und meine Eigenmittel.

Brüssel - eine kosmopolitische Stadt

Auch heute lebe und arbeite ich noch in Brüssel. Diese Stadt ist meiner Ansicht nach kosmopolitischer als die meisten anderen europäischen Großstädte. Mehr als ein Viertel der Einwohner sind Nicht-Belgier. Das gibt dieser Stadt ein besonderes Flair. In den ersten Jahren fühlte ich mich besonders von der frankophonen Kultur angezogen, erst später entdeckte ich die flämische Kultur. Da die Belgier, im Gegensatz zum belgischen Staat, wohlhabend sind, ist das Lebensniveau entsprechend hoch. In den 60er Jahren war es erheblich höher als in Deutschland, und so gab es zu dieser Zeit ein Überangebot an Häusern und Wohnungen. Dies war übrigens ein Hauptgrund für die Ansiedlung des Gemeinsamen Marktes in Brüssel. Heute haben die meisten deutschen Großstädte beträchtlich aufgeholt, ohne jedoch das internationale Niveau von Brüssel zu erreichen. Auch ist die Vielsprachigkeit eine nicht zu unterschätzende Lebensbereicherung. Alle meine Kinder sprechen und schreiben fließend drei Sprachen und sind bestens gerüstet, gute Europäer zu werden. Leider schlafen unsere Politiker und versäumen es, die Einigung Europas auf diese Art zu zementieren. Die Grundvoraussetzung für eine wirkliche europäische Integration war und ist eine unerschütterliche deutsch-französische Verständigung. Sie kann nur erreicht werden mit Deutschen, die Französisch sprechen, und Franzosen, die Deutsch sprechen. Hier ist noch viel zu tun.

LEHREN AUS DEM KRACH

Der wahrscheinlich schwerste Börsenkrach in der Geschichte der Menschheit ereignete sich am 24. Oktober 1929. Die Kurse brachen zusammen, die Preise für Immobilien und Güter des täglichen Bedarfs fielen ebenso wie Zinsen und Löhne. Die Arbeitslosigkeit erreichte nicht gekannte Höhen, mehr als 25 % der erwerbstätigen Bevölkerung in Amerika und in Europa waren ohne Beschäftigung, Millionen von Menschen mußten hungern. Einer, der dies genau beschrieben hat, ist John Kenneth Galbraith. Ein Krach, den ich aus nächster Nähe erlebt habe, war der vom 19. Oktober 1987.

In langen Phasen, wie in den 70er Jahren (Chart 2) und wieder seit 1987 und wahrscheinlich auch in den kommenden Jahren, entspricht die Entwicklung der Börse einem sogenannten "Trading-Markt", d.h., es wird auf und ab gehen, ohne daß am Ende einer Periode alle Beteiligten viel reicher geworden sind. Die Gewinner können sich im wesentlichen nur auf Kosten der Verlierer bereichern. Verdienen können in solchen Phasen nur die Banken, Broker und Vermögensverwalter, da die Anleger eher kurzfristig disponieren und oft ihre Positionen wechseln. Dabei fallen für die Anleger Kosten an, die für diese Institute Einnahmen sind. Die Börse gleicht in solchen Phasen einer Achterbahn. Die Mitfahrer müssen für die Berg- und Talfahrt, die mal angenehm mal beängstigend zu werden verspricht, einen Eintritt bezahlen, doch werden sie mit großer Wahrscheinlichkeit leicht ramponiert wieder dort ankommen, wo sie ihre Eintrittskarte gelöst haben. Einige haben den größten Spaß bei der Talfahrt. Es sind Anleger, die rechtzeitig bei einem stürzenden Markt viele Puts gekauft haben. Sie können sich gar nicht vorstellen, mit welchem Genuß man nach einem Kurssturz die Börsenkommentare in der Zeitung liest, wenn man selbst rechtzeitig Aktien verkauft oder Puts erworben hat. Die Freude oder Genugtuung steht im Verhältnis zur vorangegangenen Leidenszeit. Das habe ich habe im Jahre 1987 durchkosten dürfen. Ende Mai kündigte ich auf dem IC-Kongreß in München das Ende der goldenen 80er Börsenjahre und einen Aktienkrach an. Es war übrigens bezeichnend, wie gerade dieser Vortrag von der gesamten anwesenden Presse totgeschwiegen wurde. Die These paßte nicht in die Börsenlandschaft. Es blieb dem "Spiegel" vorbehalten, unter dem Titel "Börsen sterben plötzlich am Infarkt", darüber zu berichten:

".... Des Jahrhunderts größte Hausse geht zu Ende, fragt sich nur, wie und wie schnell. Einer, der sechs Jahre zuvor ihr Prophet war, Roland Leuschel von der Banque Bruxelles Lambert, ein Trendmacher im "Wall Street Journal", hat es beim Internationalen Investment Congress (IC) in der dritten Mai-Woche 600 zweifelnden Geldanlegern eingetrommelt, was sie angesichts der um sich greifenden Turbulenzen jetzt vor allem anzulegen haben: "die Sitzgurte". Für deren Beschaffenheit nennt er ein nur unter schlichten Klein-Kapitalisten praktikables Rezept: mindestens 20 Prozent Gold und den Rest in gutem, beweglichem Geld. (Den Kapital-Verwaltern von Fonds und Versicherungen wäre eine solche simple Mischung sogar gesetzlich untersagt.) Nach einem weltweit 400prozentigen Kursauftrieb kann Roland Leuschel vorsorglich nur die bedauern, die an dieser vorerst letzten großen Kapitalvermehrung des Jahrtausends nicht so richtig teilgenommen haben und nun womöglich noch schnell "Versäumtes nachholen" wollen. Denen ruft er zu: "Seien Sie vorsichtig! Das Spiel ist gelaufen." Leuschel war einer der wenigen, die diesen bisher größten Boom der Aktiengeschichte vorausgesagt haben, als die Fluchtwege des Geldes noch in den Beton führten. Noch vor kurzem hat er seiner Kundschaft bei Industrie, Versicherungen und Fonds zu Ruck-Zuck-Gewinnen an der von Wahlängsten überschatteten Brüsseler Börse verholfen. Fortan aber will er dem Frieden nicht einmal an guten Börsentagen trauen. "Börsen(haussen) sterben nicht allmählich", das ist für ihn ein Losungswort zur täglichen Wiedervorlage, "sie sterben plötzlich an einem Infarkt in der Euphorie."

Ich habe diesen Ausdruck gewählt, um die Anleger darauf vorzubereiten, daß beim Einsetzen des Kraches keine Zeit zur Reaktion bleibt. Die Wochen und Monate bis zum 19. Oktober 1987 waren die längsten in meinem Berufsleben. Ich wußte gar nicht, wie viele "Freunde" ich mir im Laufe der Jahre geschaffen hatte, die mich nun ständig anriefen, um den Zeitpunkt des Kraches zu erfahren. Im September 1987 wiederholte ich in einem Interview mit der belgischen Börsenzeitung "L'Echo de la Bourse" dieselben Krach-Argumente wie im Frühjahr. Dieses Mal war die Wirkung durchschlagend. Die belgischen Aktien verloren am nächsten Tag über 4%, und Rundfunk und Fernsehen sprachen von einem "Leuschel-Effekt". Jetzt warfen mir viele "Freunde" in Belgien vor, sie nicht rechtzeitig von meinem Interview informiert zu haben.

Wichtiger Faktor an der Börse: Timing

Aus diesem Krach habe ich einige Lehren gezogen. Zunächst einmal hatte bereits Mark Twain vor rund 200 Jahren vorausgesagt, "der Monat Oktober ist besonders gefährlich, um in Aktien zu spekulieren". In der Tat ereignete sich auch der Krach von 1929 im Oktober. 1989 war es bei dem "Mini-Krach" nicht anders, und 1990 wurde weltweit der Tiefstpunkt der Aktienbörsen im Oktober erreicht. Als ich im Mai 1987 einen Börsenkrach voraussagte, war mir Mark Twains weiser Spruch noch nicht bekannt.

Eine andere Lehre aus dem Krach berührt die Psychologie der Anleger. Sie entscheidet letzten Endes über den Zeitpunkt. Ich habe in den Monaten vor dem Krach mit vielen Fondsmanagern gesprochen, die mir alle bestätigten: Ein Börsenkrach wird kommen, aber niemand kennt den Zeitpunkt, und Profis bleiben daher voll in Aktien investiert. Wären sie es nicht, würde ihre Performance solange leiden, wie die Aktienkurse noch steigen. Sie würden also unweigerlich Kunden an eine voll investierte Konkurrenz verlieren. Wenn dann die Kurse krachen, tun sie es für jedermann, und der Anleger verkauft in aller Regel keine Anteile, an denen er größere Verluste hat, sondern wartet auf das Wiedererreichen seiner Einstandskurse. Sollte aber, und das kommt ja immer wieder vor, ein Mutiger die richtige Anlagepolitik praktiziert haben, dann muß er nach einem Krach mit erheblich mehr Rückflüssen von seinen Anteilen rechnen als seine Konkurrenz; denn die gebeutelten Anleger verkaufen Anteile, auf denen noch gute Gewinne stehen, um die Verluste bei anderen auszugleichen. Ein langfristig erfolgreicher Investmentfonds ist meistens voll investiert.

Auch im Juli 1991 ist die Liquiditätsreserve aller Investmentfonds in Amerika auf dem historisch niedrigsten Punkt angelangt, bei ganzen 5%. Sollte es an Wall Street zu einem erneuten Kurseinbruch kommen, gibt es in der Branche keine Verlierer, die gibt es höchstens bei den Anteilseignern. Eine bittere Wahrheit, die diese nicht vergessen sollten. Ihr Trost ist die immer wieder vorgebrachte Erklärung, langfristig seien Aktien die beste Anlage, was man statistisch auch nachweisen kann. Das Problem liegt in der Langfristigkeit, die dem Anleger so manches Schnippchen schlagen kann. Denn wenn in einem Krach Liquidität gebraucht wird, ist der Trost, Aktien seien langfristig die beste Anlage, sehr klein, und ich kenne keinen Banker, der diesen Hoffnung als Garantie für einen Wertpapierkredit akzeptiert.

Blue Chips können zu Blut-Chips werden

Ich habe 1987 einen weiteren Fehler begangen und einige Blue Chips im Portefeuille gehalten. Meine Überlegung schien einfach und logisch: In einer Aktienbaisse stößt der Anleger die mindere

Qualität ab, um sie in Qualitätsaktien zu tauschen. So hielt ich zum Beispiel die größte belgische Aktie, den petrochemischen Konzern Petrofina, im meinem Portefeuille. Wie an anderen Börsenplätzen verzeichneten auch in Belgien gerade Standardwerte oder Blue Chips besondere Kurseinbrüche und wurden zu "Blut-Chips". Der Grund war die Marktfähigkeit dieser Papiere. Nur noch Qualitätsaktien fanden überhaupt Käufer, während Aktien mit kleineren Märkten, sogenannte Spezialpapiere, keine Käufer mehr fanden, und der Anleger sie auch nicht mehr zum Verkauf stellte. Noch heute notiert die Petrofina-Aktie unter dem Vor-Krachniveau von 1987.

Vom Goldrausch zum Goldkrach

Eine weitere Lehre aus dem 87er Krach war der Kurssturz bei den Goldminenaktien. Obwohl der Goldpreis während der Börsenkrise von 400 auf 500 $ die Feinunze emporschnellte, erwischte es die Goldminenaktien genauso wie die anderen. Auch hier dieselbe Erklärung: Viele Anleger, besonders die Profis, verkauften alles, was sich zu Geld machen ließ, und da viele Leute glaubten, Goldaktien wären ein Schutz in der Krise, nützten die Verkäufer diesen Irrtum, um an liquide Mittel heranzukommen. So erging es dann auch schließlich der Ware Gold. Die Umsätze schnellten auf Rekordhöhen, und für so manchen Broker oder Anleger war Gold eine hervorragende Liquiditätsreserve: Man konnte es verkaufen und spätestens am nächsten Tag sein Geld erhalten.

Während ein Krach am Aktienmarkt meistens mit Vehemenz beginnt, kann es auf anderen Märkten zu Zusammenbrüchen kommen, die sich über Jahre hinwegziehen. Ein gutes Beispiel dafür ist Gold. Während des Börsenkrachs 1987 stieg Gold zunächst um 20 %, fiel aber dann wieder zurück. Es war also ein guter Schutz in der Börsenkrise selbst. Der eigentliche Krach für Gold setzte aber im Jahr 1981 ein und dauert bis heute an. Der Goldpreis stürzte von 830 $ die Feinunze im Januar 1981 auf mittlerweile 350 $ im Juli 1991. Seit einigen Jahren empfehle ich, 5 % der Anlagen in Gold zu halten, eine bisher schlechte Investition. Zwar stiegen die Inflationsraten in der OECD seit 1987 an, und Gold hätte eigentlich ein guter Inflationsschutz sein müssen. Aber die größten Gegner des Goldes sind nicht nur rückläufige Inflationserwartungen, sondern auch hohe Zinsen.

Ich habe zu Gold ein besonderes Verhältnis. Als ich 1963 nach Brüssel kam, lernte ich die Theorien des Franzosen Jacques Rueff, der Wirtschaftsberater General de Gaulles war, kennen. Er erstellte folgende Rechnung: Die durch den Vietnam-Krieg entstandenen Defizite der Amerikaner sind über die Notenpresse finanziert worden, und die im Ausland befindlichen Dollarbestände sind nicht mehr durch Gold auf Basis von 38 $ die Feinunze gedeckt. Er empfahl de Gaulle, die französischen Dollarguthaben in Gold umzutauschen und provozierte dadurch das Aufheben der Goldkonvertibilität durch Präsident Nixon im Jahr 1971. Ich hatte 1968 unter anderem im deutschen Wirtschaftsmagazin

"Der Volkswirt" Gold und Goldminen empfohlen und meine erste größere Spekulation in Gold getätigt. Dabei spielte die Vergangenheit eine gewisse Rolle. Als Junge mußte ich erleben, wie nach dem Zweiten Weltkrieg gewisse Dienstleistungen nur mit Zigaretten, Lebensmittelkarten oder Goldmünzen erhältlich waren. Mit meiner Familie erlebte ich den Dresdner Luftangriff in der Nacht vom13. zum 14. Februar 1945, und die anschließende Flucht in den Westen dauerte mehrere Monate. Solche Erlebnisse sind unauslöschlich und beeinflussen selbst das Anlageverhalten noch nach vielen Jahren. Ich sehe den Besitz von Gold auch heute noch als eine Art Versicherung an, in der Hoffnung sie nie in Anspruch nehmen zu müssen.

Die vielleicht wichtigste Erkenntnis aus diesem miterlebten Krach ist, daß viele Anleger völlig in Panik geraten. Es sind meistens jene Investoren, die vorher die größte Euphorie ausstrahlen. ***"Euphorie und Panik sind die schlechtesten Ratgeber bei Geldanlagen."***

Wer an der Aktienbörse erfolgreich sein will, muß vor allen Dingen etwas besonders Rares besitzen: einen gesunden Menschenverstand und Geduld. Bei fast allen meinen Vorträgen wiederhole ich die einfachste Tatsache in Bezug auf den Aktienmarkt: Es handelt sich um einen Markt, und da bestimmen Angebot und Nachfrage den Preis eines Produktes, in diesem Fall der Aktie. Gerade dieser Grundsatz wird leider oft vergessen. Märkte sind nicht vorhersehbar, und die Entwicklung von Märkten kann auch nicht aus der Vergangenheit abgeleitet werden. Ich bin seit 30 Jahren in Sachen Börse tätig und habe in dieser Zeit viele Aktientheorien kommen und gehen sehen. Es hat mich immer wieder erstaunt, wie viele Techniken entwickelt wurden, um Aktienkurse vorauszuberechnen. Ich will keine Namen nennen, aber es gibt Leute, die versuchen, Aktienkurse auf Grund von Graphiken, von mathematischen Formeln oder statistischen Reihen im voraus zu bestimmen. Ja es gibt sogar Astrologen, die behaupten, Aktienkurse voraussehen zu können. Es muß sich wohl um Philanthropen besonderer Art handeln, da sie die ersten Menschen sind, die Kurse vorausberechnen können und bereit sind, ihr Rezept mit dem Rest der Menschheit zu teilen (gegen ein Entgelt, versteht sich). Es soll ja schließlich auch Leute geben, die totsichere Lottosysteme anbieten. In diesem Zusammenhang habe ich einem leitenden Journalisten einer großen deutschen Tageszeitung einen Vorwurf gemacht, da diese Zeitung regelmäßig einem sogenannten Börsenastrologen Platz für eine Kolumne bot. Die Antwort des Redakteurs war niederschmetternd. Er war von dem Unsinn des Geschriebenen genauso überzeugt wie ich, aber er sagte mir, keine andere Börsenkolumne hätte so viele Reaktionen bei den Lesern ausgelöst wie diese. Zwar würden die Leute bei ihrem Anruf gleich betonen, sie glaubten nicht an Börsenastrologie, aber vorsichtshalber fragten sie doch nach der Telefonnummer des Astrologen. Ich kann nur wiederholen, an der Börse helfen keine Formeln, keine Magie. Was der Anleger versuchen sollte, ist, mit Hilfe seines gesunden Menschenverstandes Übertreibungen am Markt und einen langfristigen Trend rechtzeitig aufzuspüren.

Antizyklisches Verhalten ist gefragt

Ein gutes Beispiel für antizyklisches Verhalten ist das Jahr 1982. Der Tiefstpunkt der amerikanischen Börse war im August, als Mexiko die Zinszahlungen für seine hohe Verschuldung einstellte. Damals brachen vor allem die Kurse der amerikanischen Banken zusammen, denn vielen Anlegern war klar, wenn Mexiko die Zinszahlungen einstellt, werden Brasilien, Argentinien und andere folgen, und die großen amerikanischen Banken werden als die größten Kreditgeber dieser Länder in Schwierigkeiten geraten. Viele Anleger waren überzeugt, Aktien im allgemeinen und Bankaktien im besonderen müßten verkauft werden, da eine internationale Finanz- und Bankenkrise anstehe.

Einmal muß dazu gesagt werden, daß man nie sicher sein kann, die 100 % richtige Entscheidung zu treffen. Wer dieses Gefühl doch hat, kann nur sicher sein, irgend etwas übersehen zu haben. Auch im August 1982 konnten Bankaktien nur dann verkauft werden, wenn es gleichzeitig Käufer gab, und diese Käufer hatten auch Argumente. Vielleicht hatten sie vor 6 Monaten oder einem Jahr ihre Bankaktien verkauft, weil sie die Krise kommen sahen. Nachdem sich die Kurse mehr als halbiert hatten, waren sie überzeugt, dieses niedrige Niveau habe den Schwierigkeiten voll und ganz Rechnung getragen, und die amerikanische Regierung werde eine Lösung finden, um einen Bankenkollaps zu verhindern. Ich empfehle daher immer wieder, vor einem Aktienkauf oder -verkauf die Argumente des Kontrahenten zu finden, zu untersuchen und zu diskutieren. Erst wenn ich die wesentlichen Argumente des Kontrahenten mit den meinigen abwägen kann, erhöhe ich meine Chancen für eine gute Entscheidung.

Der amerikanische Präsidentenberater Bernard Baruch, der ein Wirtschafts- und Börsenfachmann war, hat es einmal so formuliert: ***"Es gibt zwei Möglichkeiten, Geld zu verdienen. Entweder wir arbeiten hart, um Geld zu verdienen, oder wir lassen Geld hart für uns arbeiten."*** Dem möchte ich anfügen: Sie müssen auch hart arbeiten, damit das Geld hart für Sie arbeitet. Dazu gehört in erster Linie Informationen sammeln und als wacher Bürger am politischen Geschehen teilnehmen. Wer an der Börse erfolgreich sein will, muß nicht nur die Nachrichten im Radio und Fernsehen verfolgen, er muß auch täglich mehrere Zeitungen lesen. Er sollte durch das Lesen von Spezialbüchern ein möglichst breites Wissen über die Finanz- und Börsenmärkte sammeln und mit anderen Anlegern diskutieren. Eine Entscheidung im Elfenbeinturm ist nur selten richtig. Leider ist die Idee des Investmentclubs in Deutschland nicht verbreitet, obwohl eine rührige Dachvereinigung sich redlich bemüht, aber sie kann nie eine große Breitenwirkung haben, da die Aktie in der Bundesrepublik von keiner politischen Partei gefördert wird. Vielleicht sind einige Politiker an einem mündigen und kritischen Bürger nicht interessiert. Sie wissen nur allzu gut, ein Mensch, der die Verwaltung seines

Vermögens und die Finanzierung seiner Altersversorgung selbst in die Hand nimmt, muß kritisch denken und sich gut informieren. Dieser Teil der Bevölkerung hat mit Sicherheit nicht an die "politische" Prognose geglaubt, die Wiedervereinigung sei ohne Steuererhöhung zu finanzieren.

Es gibt ein weitverbreitetes Sprichwort: "Geld allein macht nicht glücklich". Baruch sagte dazu: "Wer dies behauptet, hat gewöhnlich keins". Meist haben die Staaten die fatale Angewohnheit, mehr Geld auszugeben, als sie einnehmen. Sie haben daher ein besonderes Interesse an einem funktionsfähigen Rentenmarkt, und die Aktienmärkte spielen dabei nur eine Nebenrolle. Die steuerliche Diskriminierung von Dividenden gegenüber Zinskupons spricht eine deutliche Sprache.

Es gibt eine soziale Komponente, die im Zusammenhang mit der Aktienförderung nie erwähnt wird. Viele Leute, die in die Pension entlassen oder zu einer "freiwilligen" Frühpension gezwungen werden, haben große Anpassungsprobleme. Sie sind oft noch bei guter Gesundheit, möchten weiterarbeiten, haben große Erfahrungen gesammelt und werden doch aus dem Arbeitsprozeß entlassen. Ein Aktionär, der sein eigenes Vermögen verwaltet, behält seinen Job. Wenn er erfolgreich arbeitet, wird er vom Markt belohnt und hat ein Erfolgserlebnis. Er trifft je nach Höhe seines Vermögens Investitionsentscheidungen wie ein Unternehmer. Dieser Bürger wird seine "Freizeit" produktiv nutzen, nicht nur für sich selbst, sondern für die gesamte Volkswirtschaft. Durch seine Entscheidungen lenkt er Sparkapital in die produktivsten Teile der Volkswirtschaft und dient somit dem Allgemeinwohl. Er hat damit alle Chancen, nicht nur ein mündiger, kritischer und wohlhabender, sondern auch glücklicher Pensionär zu werden.

BÖRSENHUMOR

Die Aufs und Abs an der deutschen Börse

Noch ein Wort zu den “Aufs” und “Abs”. Ich begann meine Tätigkeit im Herbst 1962. Schon damals beherrschte die Deutsche Bank den deutschen Markt, und ihr Generaldirektor war die heute legendäre Bankiersfigur Hermann Abs. Die Dresdner Bank war sehr aktiv im Börsengeschäft und hatte damals den Ruf, besonders aggressiv auf diesem Markt zu agieren. Eines ihrer Vorstandsmitglieder hieß Rinn und war für das Börsengeschäft zuständig. Im Herbst 1962 hatten wir eine besonders bewegte Börse, das Weltgeschehen war von der Kuba-Krise bestimmt, und in Deutschland gab es eine besondere Krise um die Aktie Gelsenkirchen des Bremer Holzkaufmannes Krages. Das Vorstandsmitglied der Dresdner Bank beschwerte sich während einer Sitzung über die Haltung der Deutschen Bank und sagte, die großen Börsenschwankungen kämen wegen der Ups (Abs) und Downs der Deutschen Bank zustande. Worauf Hermann Abs konterte, das würde nicht stimmen, die Ursache läge vielmehr in den Rins (Rinn) und Raus der Dresdner Bank.

Zu jener Zeit verbrachte ich ein paar Wochen im Börsenbüro der Berliner Handelsgesellschaft und hatte als angehender Finanzanalyst natürlich keinen großen Kredit bei den Börsenhändlern. Ich bezeichnete damals das Börsenbüro der Berliner Handelsgesellschaft als den Olymp der BHG, weil ich als Jungakademiker und angehender Finanzanalyst mich nicht des Eindrucks erwehren konnte, die Börsenhändler hielten sich für Finanzgötter, die alles wüßten und auf fast alle Wirtschafts- und Finanztheorien verzichten könnten, besonders auf Wertpapieranalysen. Die BHG war damals zusammen mit der Dresdner Bank die führende Institutution auf dem Gebiet der Wertpapieranalysen und hatte sich einen großen internationalen Ruf erworben. Als dann einmal eine Studie auf den Tisch der Börsenhändler flatterte und ich sah, wie sie nur den Titel lasen, - es handelte sich um Daimler Benz -, und mit der Bemerkung beiseite legten, "wir brauchen doch keine Studie über Daimler Benz, um zu wissen, daß Daimler Benz Aktien nur steigen können", ließ ich mich zu einer Frage verleiten, die die Aufmerksamkeit des gesamten Börsenbüros auf sich zog: "Wissen Sie, wo erheblich mehr steht als in einer BHG Finanzanalyse?" Die Antwort gab ich gleich selbst: "In den Betten der BHG Börsenhändler." Damit landete ich bei diesen Leuten einen Volltreffer und hatte den Eindruck, akzeptiert zu werden. Als ich aber in den nächsten Tagen diesen Witz, der offensichtlich allen Börsenkontrahenten mitgeteilt worden war, immer wieder hören mußte, konnte ich darüber nicht mehr lachen. Ich erinnerte mich an ein Wort von Kurt Tucholsky: ***"Die Börse erfüllt eine wirtschaftliche Funktion. Ohne sie verbreiten sich neue Witze wesentlich langsamer."***

Gewinn auf der linken Seite

Der Leiter der Analysenabteilung Dr. Arnold Weismann bemühte sich, die Wertpapieranalysen der BHG auf ein internationales Niveau zu bringen.

Es war Dr. Weismann, der mich in sein Team aufnahm, und er schien mich besonders zu schätzen. Er beauftragte mich, eine Analyse über eine Tochtergesellschaft der BHG zu erstellen, die das Lieblingskind der Geschäftsinhaber war: die Deutsche Hypothekenbank Hannover. Ich war mir meiner Verantwortung wohl bewußt und versuchte es besonders gut zu machen. Die Arbeit wurde mehrmals überarbeitet, und letzten Endes kam der Tag, an dem sie gedruckt auf meinem Tisch lag. Es war meine erste Analyse, und ich war sehr stolz auf sie, obwohl ich wußte, wie Börsenhändler über Analysen dachten. Ich ließ mir jede Zeile auf der Zunge zergehen, doch plötzlich lief mir ein kalter Schauer über den Rücken. In der Zusammenfassung der Bilanz war der Gewinn auf die linke Seite gerutscht, und was die Sache noch schlimmer machte, die Bilanz war ausgeglichen. Es konnte also kein Druckfehler sein. Ich legte die Analyse beiseite, ging im Rotschild-Park eine Stunde lang spazieren und nahm mir dann die Analyse wieder vor. Nichts hatte sich verändert, der Gewinn stand immer noch auf der linken Seite. Ich entschloß mich, Dr. Weismann sofort zu informieren. Er war für seine Temperamentsausbrüche bekannt und gefürchtet und außerdem ein starker Raucher. Ich bat ihn als erstes, sich eine Zigarette anzustecken und sich seelisch auf das Schlimmste vorzubereiten. Seine Reaktion war jedoch sehr gefaßt. Da die Analyse bereits im Haus verteilt, an die Kunden und die Presse verschickt worden war, gab es nur zwei Möglichkeiten: Offen zuzugeben, einen fatalen Fehler begangen zu haben - oder die Dinge einfach auf sich zukommen zu lassen. Nach langer Debatte und einer

Schachtel Zigaretten entschlossen wir uns zur zweiten Lösung. Angst hatten wir eigentlich nicht so sehr vor der Presse oder den Kunden, sondern vor den Reaktionen der Geschäftsinhaber. Ein solch dummer Fehler hätte die langjährige, wertvolle Aufbauarbeit Dr. Weismanns und seiner Abteilung zunichte machen können, und Spott und Hohn wären uns sicher gewesen. Es kam aber anders. Nach einer Woche klingelte das Telefon, und ein Geschäftsinhaber der BHG verlangte nach Dr. Weismann, der auf das Schlimmste vorbereitet die Botschaft stehend entgegennahm: Es war ein besonderer Dank der Geschäftsleitung und die Beglückwünschung für die ausgezeichnete Beurteilung der Aktie Deutsche Hypothekenbank. Es folgte ein minutenlanges Schweigen unsererseits. Wie vermutet, war von der Studie nur die Schlußfolgerung gelesen worden. Eine Vermutung, die auch heute noch ihre Gültigkeit haben dürfte.

Allein der Vortrag macht des Redners Glück,

sagt Wagner in Goethes Faust, der darauf antwortet, ***"Es trägt Verstand und rechter Sinn mit wenig Kunst sich selber vor".***

Wer schon über tausend Vorträge in vier verschiedenen Sprachen in vielen Teilen der Welt gehalten hat, lernt die tiefere Bedeutung dieser Worte des wohl größten deutschen Dichters kennen. Nur ein einziges Mal hatte ich einen vorbereiteten Text. Das war im Jahr 1971, als ich in der "Fondation Universitaire" in Brüssel meinen ersten größeren

Vortrag in französischer Sprache hielt. Thema war die Zukunft der Aktienbörse. Mein Pessimismus für die 70er Jahre war bis zu meinem damaligen Chef vorgedrungen. Ich vertrat die damals provozierende These: Die Inflation ist der Feind Nummer 1 der Aktienbörsen. Das Weltwährungssystem der festen Wechselkurse von Bretton Woods war gerade zusammengebrochen, der amerikanische Dollar erlebte seinen ersten bitteren Kurssturz, und infolge des Vietnam-Krieges fingen die Preise an zu laufen. Die unverantwortlich starke monetäre Expansion aller Notenbanken der Welt unter Führung der Vereinigten Staaten war für mich Grund genug, eine Epoche rapider Inflationsraten in den westlichen Industriestaaten vorauszusagen. Durch diese alarmierenden Informationen gewarnt, verlangte der damals für mein Ressort verantwortliche Geschäftsinhaber der Banque Lambert eine Niederschrift meines Vortrages. Eine Viertelstunde vor Beginn der Veranstaltung war noch nicht klar, ob ich diesen Vortrag würde halten können. Herrschende Meinung war damals, Aktien seien genau wie Immobilien und Gold ein ausgezeichneter Schutz gegen die Inflation. Die Finanzgeschichte hat jedoch das Gegenteil bewiesen (siehe Charts 5 bis 8). Aber auf den Finanzmärkten halten sich oft Legenden, und je weiter eine Legende von der Wahrheit entfernt ist, desto größer ihre Verbreitung und die Bereitschaft der Geldanleger, daran zu glauben, bevor sie dann daran glauben müssen. Nach einer längeren Diskussion gab mir der Geschäftsinhaber Daniel Gilet mein Manuskript zurück, mit der tiefgründigen, jesuitischen Bemerkung: "Prenez vos responsabilités", was soviel heißt wie: "Auf Ihre Verantwortung!" Dieses Ereignis war für mich sehr wertvoll. Es zeigte die Großzügigkeit der Geschäftsleitung der Banque Lambert und nach 1974 der Banque Bruxelles Lambert hinsichtlich meiner Vortragstätigkeit und Veröffentlichungen. Eine derartige Freiheit war und ist keine Selbstverständlichkeit, zumal bei konträren Meinungen. John Maynard Keynes hat diesbezüglich einen guten Rat gegeben: ***"Für die Berufskarriere eines Bankers ist es besser, sich mit dem Boß zu irren, als gegen ihn recht zu haben."***

Bei allen meinen Vorträgen kommt in der Regel der Humor nicht zu kurz, und manchmal wird mir die Frage gestellt, warum ich bei so ernsten Themen wie Inflation, Zinsentwicklung oder Börsenlage so oft auf Anekdoten zurückgreife. Wenn man so viele Vorträge hält und dabei nicht müde wird, dann muß es einem auch Spaß machen, und ich gebe zu, es ist ein angenehmes Gefühl 2.000, 500 oder auch 15 Menschen zum Schmunzeln oder gar zum Lachen zu bringen. Auch versuche ich damit, meinen Zuhörern klarzumachen, daß ich zwar das Thema und die aufgestellten Thesen, nicht aber mich selbst ernst nehme.

Im Laufe der Zeit habe ich eine Reihe von selbst erlebten komischen Situationen aufgezeichnet und vor ein paar Jahren im Wall Street Journal Europe einige davon veröffentlicht. Was mich etwas enttäuschte war, daß ausgerechnet dieser Artikel den größten Lesererfolg hatte (gemessen an den Reaktionen), auf jeden Fall ein größeres Echo als meine seriösen Artikel über Weltwährungssystem,

Börse oder Konjunktur. Es sind Anekdoten, die während meiner Vortragstätigkeit entstanden sind. Veröffentlicht wurden sie unter dem Titel “Some Advice on Addressing Foreign Audiences”, was soviel heißt wie “Ratschläge für Vorträge im Ausland”. Es ist logisch, bei fast hundert Vorträgen im Jahr in Situationen zu geraten, die ärgerlich oder unangenehm sein können, über die man aber später gerne lächelt.

Im Grand Hotel in Paris wird nicht gelacht

Noch als Generalsekretär des Eurosyndicat Investment Research Bureau hielt ich im Jahre 1974 im Grand Hotel in Paris einen Vortrag vor französischen Finanzanalysten und Vermögensberatern. Ich fing wie üblich mit einer kleinen Anekdote an und spürte keinerlei Reaktion. Überzeugt davon, daß man in Paris andere Sachen gewöhnt ist, streute ich etwas später eine schärfere Anekdote ein, doch wieder keine Reaktion. Fast verzweifelt zog ich am Schluß meine beste Karte aus dem Ärmel, wieder keine Reaktion. Nach der Rede, das Thema war die Vergleichbarkeit der europäischen Aktien, fragte ich einen guten französischen Freund, warum meine Anekdoten keinen Erfolg gehabt hätten, ob ich vielleicht sprachliche Fehler gemacht hätte. “Nein”, war seine Antwort, und er lachte dabei laut, “Sie haben uns die besten Finanzwitze erzählt, die wir je gehört haben”. Und er zeigte mir sein Blatt: “Schauen Sie, ich habe sie niedergeschrieben, um sie selbst weiterzuverwenden. Ich nehme an, meine Kollegen haben das auch getan." Und er setzte wie beiläufig hinzu: "Es ist übrigens sehr schwierig, beim Schreiben zu lachen." Mein Rat ist, wenn Sie in Frankreich vor Finanzanalysten eine gute Anekdote erzählen und Sie beim Vortrag Erfolg haben wollen, kündigen Sie an, alle Anekdoten wären beim Verlassen des Saales in schriftlicher Form erhältlich. Der Leser möchte jetzt natürlich wissen, um welche Anekdote es sich handelte.

Bei der Beschäftigung mit internationalen Finanzanalysen ist mir im Laufe der Jahre so manche seltsame Schlußfolgerung begegnet. Ich erinnere mich, in einer Studie über Petrofina die Empfehlung gelesen zu haben, die Aktie im Portefeuille zu halten, obwohl sie in den vorhergehenden Studien nie zum Kauf empfohlen worden war. Ich hatte vorgeschlagen zu schreiben: Wir empfehlen, die Aktie, die wir früher gerne bei niedrigeren Kursen zum Kauf empfohlen hätten, im Portefeuille zu halten. Der Vorschlag kam allerdings nicht an.

Eine andere Bemerkung betraf die Börsenfremdheit vieler Wertpapierstudien. Letzten Endes sind sie doch dazu bestimmt, die Kunden zum Kaufen oder Verkaufen von Aktien anzuregen, aber genau diesen Aspekt lassen auch heute noch viele Studien außer acht. Ich verglich einen Finanzanalysten mit einem Mann, den man beauftragt, über die Verhaltensweise einer Fliege zu schreiben. Er fängt mit der Hand eine Fliege und macht sie naß, dann läßt er sie los mit dem Kommando "flieg", und in seiner Analyse notiert er, eine Fliege kann auch fliegen, wenn sie naß ist. Er fängt sie wieder ein und zieht ihr mit einer Pinzette die Beine aus, dann läßt er die Fliege mit demselben Kommando los und stellt fest: Die Fliege fliegt auch ohne Beine, zwar etwas schwerer, aber sie fliegt. Daraufhin fängt er sie wieder ein, reißt ihr beide Flügel aus und gibt das Kommando "flieg". Natürlich fliegt die Fliege nicht mehr, und er schreibt in seine Analyse: "Wenn man einer Fliege beide Flügel ausreißt, wird sie taub."

Wer viele Vorträge hält, muß auch einmal damit rechnen, wieder ausgeladen zu werden. Dies passierte mir 1981. Seinerzeit besaß die BBL eine mehrheitliche Beteiligung an der berühmten französischen Privatbank Banque Louis Dreyfus. Sie organisierte ein Wertpapier-Symposium und lud mich als Hauptredner dazu ein. Dann geschah etwas Dramatisches: Bei den Parlamentswahlen im Frühjahr 1981 gab es einen politischen Erdrutsch, der die Sozialisten unter Führung von François Mitterrand an die Regierung brachte. Neben vielen anderen Dummheiten stand die Nationalisierung der großen Banken auf ihrem Programm. Auch die Banque Louis Dreyfus fürchtete, dieses Schicksal erleiden zu müssen. Sie kannte meine Einstellung zu den Plänen der sozialistischen Regierung, die auch die Handschrift des jetzigen EG-Präsidenten Jacques Delors trugen, und befürchtete deutliche Aussagen meinerseits. Die Einladungen waren bereits verschickt, der Saal war gemietet, und doch fiel der Vortrag aus. Heute kann ich diesen Zwischenfall nur bedauern, denn diese Privatbank wurde nicht verstaatlicht und erleidet Verluste in Milliardenhöhe, die von der BBL getragen werden müssen.

Weltkongreß in Düsseldorf

Eine andere Geschichte trug sich auf dem Weltkongreß der Investment Clubs in Düsseldorf im Jahre 1972 zu. Es waren vorwiegend Amerikaner, Franzosen und Deutsche, die zu diesem Kongreß kamen, und ich hatte die Wahl, in einer der drei Sprachen zu sprechen. Als Deutscher in Deutschland habe ich natürlich meine Muttersprache gewählt. Ich fing mit einer Anekdote über Ökonomisten an und erklärte, wie feinfühlig die deutsche Sprache doch sei, denn das Wort Ökonomist setze sich aus Ökonom und Mist zusammen, und wenn man sich die Voraussagen vieler Ökonomisten im Nachhinein anschaue, sei man oft versucht, die Betonung auf den letzten Teil des Wortes zu legen. Die ersten vier bis fünf Reihen in der Rheinlandhalle des Hilton Hotels lachten herzlich, bei den nächsten fünf Reihen kam die Reaktion erst eine Minute später, als ich bereits bei einem anderen Punkt meines Vortrages war, aber dieser Teil des Saales lachte besonders lautstark, während die andere Hälfte des Saales, die aus Amerikanern bestand, ohne jede Reaktion blieb. Nach dem Vortrag kamen zwei Simultanübersetzer auf mich zu und baten mich, in einem Vortrag keine Wortspiele zu gebrauchen, da diese nur in der ursprünglichen Sprache Sinn ergeben. Der französische Übersetzer hatte aus seinem Repertoire eine andere Geschichte über Ökonomisten erzählt, die bei seinem Publikum noch besser ankam, während der Amerikaner sich beim Publikum entschuldigte, die Anekdote sei leider nicht zu übersetzen. Ich fragte den Franzosen, welche Geschichte er erzählt habe, und er gab sie nicht ohne einen gewissen Stolz preis: ***"Ökonomisten haben die Angewohnheit, ihre Wachstumsvoraussagen für das Bruttosozialprodukt bis zum letzten Dezimalpunkt zu präzisieren, um damit ihren Sinn für Humor unter Beweis zu stellen."***

Keine Suppe in Wien

Eine andere Panne, für die ich allerdings nicht verantwortlich war, passierte bei einem Vortrag in Wien. Eine Großbank hatte zu einem Vortrag geladen, und der Erfolg übertraf alle Erwartungen. Auf dem Weg vom Flughafen zum Wiener Intercontinental berichtete mir ein Verantwortlicher voller Stolz, es hätten 400 Leute zugesagt, ein riesiger Erfolg. Eine Viertelstunde vor Beginn waren bereits 500 Zuhörer da, und das Hotel vergrößerte den Raum. Bei Vortragsbeginn waren über 700 Teilnehmer anwesend, so daß wir 200 in einem Nebenraum unterbringen mußten. Dort konnten sie mit Hilfe einer Video-Übertragung dem Vortrag folgen. Die eigentliche Panne ereignete sich anschließend. Die Veranstalter waren so mit den Organisationsproblemen beschäftigt gewesen, daß sie in der Aufregung vergessen hatten, den Küchenchef anzuweisen, Wasser in die Suppe zu gießen, um beim anschließenden Empfang 700 und nicht wie vorgesehen 400 Gäste bewirten zu können. Nach einigen Minuten waren alle Platten weggeputzt, und ein Großteil der Gäste ging wie der Redner mit leerem Magen nach Hause!

Karlsruhe - Finanzzentrum der Welt

Eine peinliche Veranstaltung erlebte ich Anfang der 80er Jahre in Karlsruhe. Ich erhielt einen Anruf: "Hier Frau S. aus dem Sekretariat des Präsidenten. Der Präsident möchte Sie gerne sprechen." Es meldete sich ein gewisser Herr Dr. Zuber, Präsident der Badischen Gebäudeversicherungsanstalt, der in Karlsruhe ein internationales Symposium über Geldanlagen organisierte. Der Präsident rief, und viele kamen. Als ich die Namen der Redner hörte, wie Dr. Röller von der Dresdner Bank, Vorstände anderer Großbanken, EG-Kommissar Dr. Narjes aus Brüssel, betrachtete ich es als Ehre, ebenfalls das Wort ergreifen zu dürfen. Außerdem komme ich gerne nach Karlsruhe, wo ich von 1957 bis 1960 an der Technischen Hochschule studiert habe. Zusammen mit dem EG-Kommissar Dr. Narjes kam ich am Frankfurter Flughafen an, konnte aber nicht mit ihm zusammen nach Karlsruhe zur Veranstaltung fahren. Auf Dr. Narjes wartete standesgemäß ein Mercedes der S-Klasse mit Chauffeur, auf mich ein von einem Angestellten der Gebäudeversicherung gesteuerter Opel Rekord. Was die eigentliche Veranstaltung anbetrifft, fühlte ich mich fehl am Platze. Auf der einen Seite waren hochkarätige Banker und Journalisten als Vortragende, auf der anderen Seite saßen Beamte der Gebäudeversicherungsanstalt und Bankangestellte. Dr. Zuber hatte die Badische Gebäudeversicherungsanstalt mit der Weltbank und Karlsruhe mit Wall Street verwechselt. Etwas später mußte er sich vor einem Gericht verantworten. Interessant für mich war nur, wie einfach es sein kann, derartige Veranstaltungen zu organisieren. Es genügt offenbar, Präsident einer staatlichen Gesellschaft zu sein, um große Namen anzuziehen und sich damit selbst zu profilieren.

Ökonomisten - Zielscheibe der Humoristen

Im Laufe der Jahre habe ich so manchen Ökonomisten-Witz gehört, gelesen und erzählt. Zu dem Buch "The Iconoclast" meines Freundes Seth Lipsky, lange Jahre Chief Editor der Editorial Page im Wall Street Journal Europe, schreibt Peter R. Kann: ***"Der Ikonklast beweist, daß Humor mehr ist als nur zum Lachen."*** So verhält es sich auch mit den meisten Witzen über Ökonomisten.

Ich erinnere mich der Zeiten Breschnews, als die Militärparaden zum 1. Mai eine reine Machtdemonstration der sowjetischen Armee darstellten. Damals sollen zwischen den neuesten Raketen und den modernsten Panzern ein Dutzend gutgekleideter Herren gewesen sein, die jovial in die Menge winkten und auch mit großem Beifall bedacht wurden. Breschnew fragte verwundert den General Malinowskij an seiner Seite, was denn diese Herren im grauen Flanell mit blauer Krawatte auf der Militärparade zu suchen hätten. Die Antwort war beißend: ***"Das sind amerikanische Öko-***

nomisten, die haben in den 70er Jahren der amerikanischen und der gesamten Weltwirtschaft größeren Schaden zugefügt, als unsere Divisionen und hochtechnologischen Waffen je in der Lage sein werden."

Lachen auf japanisch

Jedes Jahr halte ich auch Vorträge in Singapur, Hongkong und Tokio. Am schwierigsten sind derartige Veranstaltungen in Tokio, wo es regelmäßig zu Pannen kommt. Ich erinnere mich an eine besonders amüsante Begebenheit bei meinem ersten Vortrag im Okura Hotel. Der Gastgeber war Daiwa Securities, die zweitgrößte Investment Bank in Japan. Nach japanischer Art mußte alles wohl geplant sein, damit auf keinen Fall etwas schief gehen konnte. Ich habe viele Vorträge auf der ganzen Welt gehalten, aber noch nie einen Text vorbereitet. Diese Tatsache macht das Leben des Veranstalters oft schwer, denn bei Simultanübersetzungen möchten die Dolmetscher den Text vor sich liegen haben, um die Übersetzung vorbereiten zu können. Oft gibt der Veranstalter auch anschließend ein kleines Büchlein oder eine Fest-schrift heraus, so daß seine Arbeit durch das Fehlen einer Niederschrift meines Vortrages besonders schwierig ist. Das gesprochene Wort eignet sich oft schlecht zum Druck, auf der anderen Seite erlaubt mir meine Art des Vortragens, immer aktuell zu sein und im Prinzip das zu sagen, was ich wirklich denke. So betrachtet, bin ich ein denkbar schlechter Festredner, und da muß ich an Thomas

Mann denken, der einmal gesagt hat: "***Nirgends wird so viel gelogen wie bei Festreden.***"

Aber zurück zu meinem ersten Vortrag in Japan. Am Tag vorher organisierte Daiwa ein Gespräch mit den beiden Simultan-Dolmetscherinnen, und ich mußte praktisch so eine Art Generalprobe meines Vortrages halten, damit die Damen sich mit meinem Wortschatz vertraut machen konnten. Der Direktor von Daiwa war erstaunt, daß ich meinen Vortrag mit einer Anekdote zu beginnen gedachte, und empfahl mir, sie auszulassen, da es sich um ein hochkarätiges Publikum handle und die seriösen Herren nicht wüßten, ob sie es sich bei einem so ernsten Thema und Redner leisten könnten zu lachen. Ich bestand aber auf meiner Anekdote. Als Redner hat man letzten Endes auch seinen Stolz. Als dann am nächsten Tag die 150 geladenen Herren alle in dunklen Anzügen und weißen Hemden diszipliniert vor mir saßen und ich mir die Einführung des Daiwa Direktors anhörte, entschloß ich mich, auch dem Rat meiner Frau folgend, die Anekdote wegzulassen und mit einer neutralen Einleitung zu beginnen. Ich sagte den Japanern, wie froh ich sei, hier in Tokio vor ihnen sprechen zu dürfen: Schallendes Gelächter war die Antwort. Hinterher erfuhr ich, der Direktor von Daiwa hatte das Auditorium auf eine besonders pikante Anekdote vorbereitet und sie daran erinnert, weit hergereiste Gäste müßten nach japanischer Sitte besonders höflich empfangen werden.

Seither versuche ich es mit japanischen Anekdoten.

Da ich meistens über die Weltwirtschaft und den amerikanischen Dollar referiere und Prognosen aufstelle, beginne oder beende ich häufig meine Vorträge in Japan mit einem Wortspiel: Auf japanisch heißt Prognose "YO so U" und rückwärts gelesen heißt es "U so Yo" und bedeutet Lüge. Eine wahrhaft interessante Sprache, die japanische!

Aber es war nicht die einzige komische Begebenheit. Ein paar Jahre später machte die BBL (Banque Bruxelles Lambert) eine Aktienemission auf dem Euromarkt, und es gelang mir, einige Aktienblocks der BBL bei japanischen Investoren unterzubringen. Ich besuchte daraufhin diese Aktionäre, um ihnen nahezubringen, wie gut die BBL im besonderen und der belgische Aktienmarkt im allgemeinen für japanische Investoren sei. Nach einer zwanzigminütigen Einleitung bei einem dieser Investoren, einer japanischen Versicherungsgesellschaft, stellte der älteste der fünf Teilnehmer, es mußte der Chef gewesen sein, die Frage, ob ich Deutscher sei. Auf viele Fragen war ich vorbereitet, aber nicht auf diese. Nicht daß die Antwort schwer gewesen wäre, aber seine Frage kam völlig überraschend. Nachdem ich sie mit "ja" beantwortet hatte, sagte er, das überrasche ihn nicht, er sei von Anfang an davon überzeugt gewesen, und er bat mich, etwas über Deutschland zu erzählen. Er sei zu alt, eine so weite Reise zu unternehmen. Ich mußte ihm lange Zeit über Deutschland erzählen. Beim Abschied faßte er mich bei den Schultern und sagte bewegt einige Sätze auf japanisch, die ich natürlich nicht verstand. Der anwesende Dolmetscher übersetzte sie erst nach einigem Zögern mit "vielen Dank für Ihren Besuch und die besten Wünsche für Ihre Zukunft". Ich war sicher, dies waren nicht seine Worte, und ich täuschte mich dabei nicht. Denn am Abend an einer japanischen Bar lockerte sich nach dem zweiten Glas Whisky die Zunge des jungen japanischen Dolmetschers, und die Wahrheit kam heraus. Sie lautete wie folgt: ***"Mein lieber Freund, ich bin froh, solch gute Neuigkeiten aus Deutschland zu hören. Glauben Sie einem alten japanischen Kriegsveteranen, wir hätten nie und nimmer den Krieg verloren, wenn wir nicht die Italiener als Verbündete gehabt hätten."***

Chinesische Reaktionen

In Hongkong erlebte ich bei einem Vortrag eine andere Überraschung. Ende der 70er Jahre, bevor Paul Volcker Chef der amerikanischen Notenbank wurde, war das Anlegen eines Teiles des Vermögens in Gold als Inflationsschutz besonders beliebt. Bei einem Vortrag in Hongkong erläuterte ich, warum ich für die nächsten 6 Monate einen festen Goldpreis erwartete. Prompt verließ ein Viertel der Zuhörer den Saal, und ich überlegte beunruhigt, welchen Fehler ich wohl dieses Mal hier in Asien begangen hätte. Bei dem anschließenden Empfang löste sich das Rätsel. Die Chinesen, die den Saal so spontan verlassen hatten, waren wieder anwesend. Sie hatten sofort die Konsequenz aus meinen Worten gezogen und waren an die Telefone geeilt, um auf dem Terminmarkt Goldbarren zu kaufen. Sie sagten mir voller Stolz, der Goldpreis habe bereits 1,50 $ die Feinunze zugelegt, und sie dankten mir herzlich für den Tip. Ich antwortete, meine Ideen seien ein Teil einer Strategie, das heißt einer langfristigen Anlagepolitik. Sie erwiderten, so hätten sie das auch durchaus verstanden, und sie würden die Position wahrscheinlich bis zum nächsten Tag halten. Ein langfristiges Engagement für einen Devisenhändler dürfte bei 2 bis 3 Stunden liegen, kurzfristig bedeutet wahrscheinlich 10 bis 30 Minuten.

Ähnliches habe ich nur noch einmal erlebt, und zwar im März 1991 bei einem Vortrag vor dem Forex Club in Paris im berühmten George V Hotel. Ich erklärte, warum die D-Mark noch eine Weile schwach bleiben würde und der Höhenflug des amerikanischen Dollars gerade erst begonnen habe. Der Vortrag war Freitag abends um 19.30 Uhr angesetzt, und die europäischen Devisenbörsen waren geschlossen, nicht aber die amerikanischen. Ein Dutzend Devisenhändler verließen den Saal, stürzten sich an die Telefone und gingen in New York Haussepositionen in Dollar ein. Zwei Stunden später hatten diese Händler mehr als 2 Pfennig pro D-Mark verdient, und an einigen Tischen wurde es im George V nach üppigem Champagner- und Wodka-Genuß sehr laut. Ich war daher nicht überrascht, im Juni 1991 eine erneute Einladung für den Herbst zu erhalten, die ich allerdings höflichst ablehnte: Zweimal im Jahr eine kurzfristige Prognose abzugeben, wollte ich nicht riskieren, und an meinen langfristigen Prognosen sind Devisenhändler sowieso nicht interessiert.

Schlafen mit Haltung

Wer in Japan zu tun hat, wird immer wieder feststellen, daß Japaner bei einem Vortrag oder bei einem Gespräch die Augen schließen. Wiederholt wurde mir versichert, dies erleichtere die Konzentration beim Zuhören, signalisiere aber mit Sicherheit keine Schläfrigkeit. Nun, ich kann mich erinnern, bei einem dieser Vorträge in Tokio einen Japaner vor mir in der ersten Reihe beobachtet zu haben, der nicht nur tief und fest schon bei der Einleitung meines Vorredners eingeschlafen war, sondern dessen Gesicht sogar engelhafte Züge angenommen hatte. Ein Europäer hat ständig mit dem Schlaf zu kämpfen, denn es besteht ja ein Zeitunterschied von 9 Stunden. Nach nichts sehnte ich mich in diesen Minuten mehr, als ebenso seelig schlafen zu dürfen wie dieser Japaner. Seinetwegen verlängerte ich meinen Vortrag, um ihn nicht aus seinem tiefen, friedlichen Schlaf reißen zu müssen. Als dann aber die anderen 150 Zuhörer ungeduldig wurden, beendete ich meine Rede, und mein schlafender Japaner wachte auf und klatschte sofort mit. Nun ist es in Japan Sitte, nach einem Vortrag in einem anderen Raum einen Empfang zu geben, wobei die Zuhörer dem Gastgeber und den Vortragenden ihre Reverenz erweisen. Auch der "schlafende Japaner" drückte mir die Hand und sagte mit vollendeter Höflichkeit: "Ihr Vortrag war wunderbar, ich habe ihn sehr genossen, herzlichen Dank." Ich erwiderte mit europäischer Höflichkeit: "Ich bin davon überzeugt, es ist mir nicht entgangen."

Gleitende Arbeitszeit auf japanisch

Wer in Tokio einen Vortrag hält, sollte unter allen Umständen vermeiden, ihn nach dem Mittagessen zu halten. Zugegebenerweise hat ein Japaner wenig Zeit zum Schlafen. Er steht in der Regel morgens um 5 Uhr auf, um vor 8 Uhr am Arbeitsplatz zu sein; den verläßt er abends gegen 7 Uhr und kommt im allgemeinen mit der letzten U-Bahn nach Mitternacht zu Hause an. Die Zeit zwischen Büroschluß und letzter U-Bahn verbringt er meistens mit Kollegen und Geschäftsfreunden in einer Bar. Das nennt man gleitende Arbeitszeit auf japanisch: Jeder hat das Recht, vor 7 Uhr zu kommen und nach 6 Uhr zu gehen. Daher bestand ich bei meinem letzten Vortrag in Tokio bei einer Euromoney-Veranstaltung darauf, meinen Vortrag vor dem Mittagessen halten zu dürfen. Meine beiden Kollegen von der BBL, die ebenfalls zu sprechen hatten, verstanden meinen grundsätzlichen Standpunkt zunächst nicht. Nun, es kam, wie ich es befürchtet hatte: Ein Viertel der Japaner erschien nach dem Essen nicht mehr (ich muß gestehen, das Essen im Imperial Hotel war einfach großartig und allein das Kommen wert), die meisten anderen schlummerten im Sitzen stilgerecht vor sich hin. Für die Überraschung sorgte der Diskussionsleiter, ein englischer Journalist, den es voll und ganz erwischt hatte. Er war auf dem Podium eingenickt, und sein Schnarchen konnte für niemand unbemerkt bleiben, da er vor dem Einschlafen vergessen hatte, das Mikrophon abzuschalten.

Vorsicht, Kunden hören mit!

In einem Gedicht des deutschen Poeten Matthias Claudius heißt es: "Wenn jemand eine Reise tut, so kann er was erzählen." Ich würde anfügen: Wenn jemand Vorträge hält, kann er auch viel erzählen. Nach einem Vortrag in der belgischen Stadt Mons kam mit hochrotem Kopf ein Kunde der BBL zu mir und zeigte mir eine Mahnung der Rechtsabteilung. Darin wurde er unter Androhung juristischer Schritte aufgefordert, seinen Sollsaldo auszugleichen. Er zerriß den Brief vor meinen Augen und drohte der BBL mit Repressalien. Höflich fragte ich, worin denn diese Repressalien bestehen könnten. Er antwortete, er schulde noch drei anderen Banken Geld und verfüge nur über einen einfachen Arbeiterlohn. Daher könne er es nicht jeder Bank recht machen. Er habe ein System entwickelt, um seine Ratenzahlungen in gerechter Weise vorzunehmen, indem er am Anfang des Monats die Namen der vier Banken in seinen Hut werfe und von seiner ältesten Tochter einen Zettel herausziehen lasse. Genau diese Bank bekomme dann eine Rückzahlungsrate. Sollte die BBL nochmals einen solchen Brief schreiben, dürfe sie an der monatlichen Ziehung nicht mehr teilnehmen.

Vor roten Schuhen wird gewarnt

Eine andere Geschichte ereignete sich bei einer Jahresveranstaltung der belgischen Investment Club Vereinigung. Nach dem Vortrag präsentierte sich dem Aussehen nach eine Frau vom Lande, die sich ganz offensichtlich für die Stadt zurecht gemacht hatte. Ich sehe noch heute ihre knallroten Schuhe und ihre knallrote Tasche vor mir. Sie sagte mir, sie hätte mehr als 200 km zurückgelegt, um meinen Vortrag zu hören, für Belgien eine beachtliche Distanz, denn die größte Entfernung in Belgien ist knapp über 300 km von Arlon nach Ostende. Sie möchte von mir einen Börsentip haben, um ihr Geld anlegen zu können. Ich entgegnete, ich gäbe in meinen Vorträgen grundsätzlich keine Börsentips, schon deshalb, weil ich keine besitze. Daraufhin wurde ihr Kopf genauso rot wie ihre Schuhe, und sie sagte mir, das sei unfair. Das letzte Mal hätte ich ihr einen solchen Tip gegeben, und sie hätte ihr Vermögen damit verdreifacht. Sie frischte mein Gedächtnis auf und erklärte mir, vor einem Jahr hätte ich auf einer ähnlichen Veranstaltung eine amerikanische Wandelanleihe empfohlen. Sie hätte daraufhin ihr gesamtes Vermögen (30.000 DM) in die Wandelanleihe gesteckt, und vor wenigen Wochen wäre diese Anleihe zu 300% zurückgezahlt worden. Sie wäre mit dieser Anlageempfehlung zufrieden gewesen und müsse nun dringend ihre 90.000 DM wieder anlegen. Ganz dunkel konnte ich mich an diese Anleihe erinnern, die ich damals selbst gezeichnet, aber gleich nach der Emission, als der Kurs um 20 % gestiegen war, verkauft und vergessen hatte.

Zwei Lehren ziehe ich aus dieser Begebenheit. Zum einen ist es wirklich gefährlich, öffentlich sogenannte Tips zu geben. Der Redner weiß nie, in welche Ohren sie geraten. Dieses Beispiel beweist die Gefährlichkeit. Sein Vermögen in eine einzige Aktie zu investieren, ist unverantwortlich und kann nur aus der Überzeugung geboren sein, der Profi wisse alles, und seine Anlageideen seien eine Garantie für große Gewinne. Daher stelle ich bei allen meinen Vorträgen am Anfang klar heraus, daß ich mich auch schon geirrt habe und die Zukunft eben nicht kenne. Die hohe Trefferquote bei meinen früheren Prognosen ist keine Erfolgsgarantie für neue Prognosen. Außerdem kann ich jederzeit meine Prognose ändern und tue dies auch regelmäßig, ohne die Möglichkeit zu haben, die Information genauso schnell weiterzugeben. Die zweite Lehre, die ich aus diesem Vorfall gezogen habe: Man kann sein Vermögen wirklich nur dann entscheidend vermehren, wenn man eine langfristige Strategie verfolgt. Man sollte aus einem Portefeuille eine Aktie nicht deshalb verkaufen, weil sie 20 % Gewinn zugelegt hat; denn das würde bedeuten, man verkauft die guten Pferde und versucht, auf den schlechten zum Erfolg zu reiten.

The next speaker

Nach der Veröffentlichung meiner Vortragspannen im Wall Street Journal erhielt ich eine Reihe von Briefen, in denen mir Leute ihre eigenen Pannen erzählten. Über zwei davon habe ich besonders geschmunzelt.

In Amerika gibt es häufig Kongresse mit sogenannten Parallelveranstaltungen, d.h. gleichzeitig finden in mehreren Räumen Vorträge statt. Es kann also vorkommen, daß zu einem Vortrag im

Saal B kaum Leute kommen, weil im Saal A ein bekannter Star die Zuhörer in seinen überfüllten Saal lockt. Dies passierte offensichtlich Professor Miller. Er hielt im Saal B einen hochinteressanten Vortrag, mußte aber feststellen, daß nur ein Dutzend Zuhörer an seinen Weisheiten teilhaben wollten. Einer nach dem anderen verließ während der Rede den Saal, da Professor Miller aus verständlichen Gründen nicht mehr sehr motiviert war. Er erzählte mir, daß am Ende nur noch ein Zuhörer übrig blieb, der aber sehr eifrig Notizen machte. Als Prof. Miller nun seinen Vortrag beendet hatte, ging er auf diesen einsamen Menschen zu und sagte: “Ich sehe, mein Vortrag hat Sie sehr interessiert. Ich bin froh, nicht vor einem völlig leeren Saal ge-sprochen zu haben. Sollten Sie noch Fragen haben, stehe ich Ihnen gerne zur Verfügung.” Der einsame Zuhörer und eifrige Notizenschreiber hatte das Ende des Vortrages gar nicht bemerkt, setzte seine Brille ab und erklärte etwas geniert: “I am sorry, I am the next speaker.” (“Es tut mir leid, ich bin der nächste Redner.”)

Eine andere Geschichte schrieb mir ein Professor, der medizinische Fachvorträge hielt. Er war auf einer Tournee durch die Vereinigten Staaten und hielt an rund 50 Universitäten hochspezialisierte Fachvorträge. Bei seiner 45. Rede ließ ihn seine Stimme im Stich. Er quälte sich sozusagen über die Runden und war entschlossen, seinen nächsten Vortrag ausfallen zu lassen. Sein Chauffeur, der den Vortrag 45mal über sich hatte ergehen lassen, machte dem Professor einen Vorschlag: “Nachdem ich nun 45mal Ihren Vortrag gehört habe, kenne ich jedes Wort auswendig. Wenn es Ihnen recht ist, halte ich morgen an Ihrer Stelle den Vortrag, und Sie setzen sich als mein Chauffeur in den Saal." Der Professor fand diese Idee gut und war sogar zur Teilung des Honorars bereit. Am nächsten Tag hielt programmgemäß der Chauffeur die Rede, und da er den auswendig gelernten Text schneller abspulte als der Professor, war er sogar zehn Minuten früher fertig als geplant. Daraufhin fühlte sich der Veranstalter ermutigt, die übriggebliebenen zehn Minuten zu Fragen aus dem Publikum zu nutzen, was ursprünglich nicht vorgesehen war. Ein Student stellte eine ellenlange komplizierte Frage, um unter anderem zu beweisen, daß er dem Professor auf diesem Gebiet das Wasser reichen konnte. Der "Chauffeur-Professor" in der letzten Reihe wollte eigentlich fluchtartig den Saal verlassen, realisierte aber schnell, daß dies nicht notwendig war, denn der "Ersatzredner" antwortete schlagfertig: "Lieber Student, ich danke Ihnen für Ihre Frage, sie ist aber so einfach, daß ich meinen Chauffeur, der in der letzten Reihe Platz genommen hat, bitte, sie zu beantworten." Es wurden keine weiteren Fragen mehr gestellt.

Wer schmeichelt, hat mehr vom Leben

Wie bereits erwähnt, war ich einige Jahre lang Generalsekretär des Eurosyndicat Investment Research Bureau in Brüssel. Wir hatten eigentlich nur eine Konkurrenz auf der Welt, und das war Eurofinance in Paris. Während es sich bei uns um kleinere und mittlere Investmentbanken handelte, war Eurofinance von großen europäischen Banken gegründet worden, unter anderem der Dresdner Bank, Banque Nationale de Paris, Société Générale de Banque in Belgien. Auch Eurofinance machte vergleichende internationale Studien. Ihr Chef war der Franzose Marc Alexandre. Die Financial Times in London organisierte regelmäßig Veranstaltungen über Themen wie Börse und Finanzmärkte, und für eine dieser prestigeträchtigen Veranstaltungen, zu denen mehr als 500 britische und andere europäische Investoren erschienen, konnte ich unseren Aufsichtsratsvorsitzenden Baron Léon Lambert als Redner gewinnen. Wir fuhren gemeinsam nach London und hörten auch die Rede von Marc Alexandre, dessen Redenschreiber ein paar schlimme Fehler unterlaufen waren. Ich hatte den Eindruck, Marc Alexandre wurde sich dessen im Verlauf seines Vortrages bewußt, konnte aber nichts mehr daran ändern, da er seine Rede ablas. Baron Lambert, ein hervorragender Kenner der Finanz- und Börsenmärkte, war das nicht entgangen, und er flüsterte mir während der Rede seines Vorgängers ins Ohr: “C’est incroyable, quelles bêtises il essaye de nous vendre.” (“Es ist unglaublich, was für einen Stuß er uns verkaufen will.”). Als der Vortrag zu Ende war, klatschte Baron als erster kräftig in die Hände, und Marc Alexandre nahm neben uns Platz. Doch bevor er sich hinsetzte, drückte ihm Baron Lambert herzlich die Hand und sagte mit seinem ihm eigenen Charme in der Haltung eines perfekten Gentlemans: “Mon cher ami, quel discours magnifique, je vous en félicite.” (“Mein lieber Freund, was für ein großartiger Vortrag, ich gratuliere.") Ich war so überrascht, daß ich selbst kein Wort herausbrachte, doch war mir dieses Ereignis eine Lehre für die Zukunft. Seit dieser Zeit habe ich ein seltsames Gefühl, wenn jemand nach einem Vortrag zu mir sagt: "Mon cher ami, quel discours magnifique...", und ich denke dabei auch an die Worte Oscar Wildes: "Frauen werden nie durch Komplimente entwaffnet, Männer immer."

In der Baisse blüht der Humor

Die 70er Jahre waren für den Aktionär besonders traurige Zeiten. Als Anlageberater brauchte man zum Überleben seelsorgerische Fähigkeiten. Hauptursache für die schlechte Entwicklung der Aktien war die Inflation, und es ist nicht übertrieben zu behaupten, der größte Feind der Börse ist die Geldentwertung. Wer in einer solchen Periode erfolgreich bestehen will, darf eigentlich nur in sogenannte reale Werte, wie Grundstücke, Häuser, Kunstwerke oder auch Rohstoffe, anlegen. Wenn er auch noch den Mut besitzt, sich zu verschulden, sind solche Zeiten geradezu ideal, um reich zu werden. In einer Inflationszeit muß der Anleger wissen, daß Papiergeld langfristig immer seinem natürlichen Trend folgt, und der tendiert gegen Null. Die 70er Jahre zeigten auch die positive Seite einer solchen Entwicklung: Der Humor blüht, denn irgendetwas brauchen die Anleger und Börsianer, um mit der trüben Wirklichkeit besser fertig zu werden. Ich kann mich an mehrere Anekdoten aus dieser Zeit erinnern und habe auch selbst in der Welt am Sonntag eine Reihe von Finanz- und Börsenwitzen veröffentlicht.

Besonders bissig war folgende Anekdote: Ein Frankfurter Börsenhändler bereitete seinem Leben vorzeitig ein Ende, da er oft "à la hausse" spekuliert und viel Geld verloren hatte. Seine Frankfurter Börsenkollegen stifteten ihm einen Grabstein, auf dem in goldenen Lettern stand: "Hier liegt er richtig, an der Börse lag er immer falsch."

Aber auch als Analyst hat man humorvolle Erfahrungen. Von einem Direktor der Firma Bayer in Leverkusen wurde ich 1974 mit den Worten empfangen: "Beim Eintritt in die Empfangshalle haben Sie bestimmt den prächtigen Gummibaum gesehen. Er und die Kosten sind das einzige, was in diesem Unternehmen zur Zeit wächst."

In diese Zeit paßt auch die Beschreibung der Börse des humorvollen und zeitkritischen, in seiner Formulierungskunst unvergleichlichen Denkers Kurt Tucholsky:

"Die Wirtschaft wäre keine Wirtschaft, wenn wir die Börse nicht hätten. Die Börse dient dazu, einer Reihe aufgeregter Herren den Spielklub und das Restaurant zu ersetzen; die frömmeren gehn außerdem noch in die Synagoge. Die Börse sieht jeden Mittag die Weltlage an: Dies richtet sich nach dem Weitblick der Bank-direktoren, welche jedoch meist nur bis zu ihrer Nasenspitze sehen. Schreien die Leute auf der Börse außergewöhnlich viel, so nennt

man das: Die Börse ist fest. In diesem Fall kommt - am nächsten Tag - das Publikum gelaufen und engagiert sich, nachdem bereits das Beste wegverdient ist. Ist die Börse schwach, so ist das Publikum allemal dabei. Dieses nennt man Dienst am Kunden. *"*

Gerne erinnere ich mich an einen interessanten Abend im Bayerischen Hof in München Mitte der 70er Jahre im Rahmen des jährlich stattfindenden Investmentseminars für ausländische institutionelle Anleger. Veranstalter war die Kölner Privatbank Sal. Oppenheim, die sich gerade im Wertpapierbereich sehr verdient gemacht hatte und sich schon damals eines exzellenten internationalen Rufs erfreute. Wer öfters teilnahm, erhielt als freundschaftlichen Treuebeweis eine bronzene, dann silberne und zuletzt goldene Anstecknadel, die einen Käfer darstellte. Der damalige Leiter des Research Ekkehard Schwarzkopf hatte Anfang der 70er Jahre ein Modell der Einflußfaktoren auf die Börsen entwickelt, das grob betrachtet einem Käfer ähnelte. Bei der Überreichung des goldenen Tierchens bat mich der damalige Direktor Jürgen Meissner, als Gegenleistung eine Börsengeschichte zum besten zu geben, und ich erzählte eine Begebenheit, die ich als Finanzanalyst und Wertpapierberater hautnah erlebt hatte. Die Studienabteilung der Banque Lambert setzte auf dem Energiesektor immer die besten Analysten ein, da die Holding-Gesellschaft Compagnie Lambert ihr Schwergewicht auf die belgische Ölfirma Petrofina gelegt hatte. Die Veröffentlichung der Petrofina-Studie war in jenen Jahren so etwas wie ein großes

Ereignis, das von der gesamten nationalen und internationale Presse ausführlich kommentiert wurde. Der Kurs der Petrofina stieg von 2.000 bfrs. Ende 1969 auf über 8.000 bfrs. im Sommer 1973, bevor er dann im Zuge der allgemeinen Börsenkrise in einem dramatischen Sturz auf 3.000 absackte. In der damaligen Studie fand ich einen Satz, den ich als Unterbau meiner Anekdote verwendete: "Der Kursverfall der Petrofina-Aktie hat keine große Bedeutung, da er bei geringem Volumen an der Börse stattfand." Ich glaube, für den Aktionär ist diese Feststellung, die man oft in Wertpapieranalysen findet, rein theoretisch. Wenn jemand an einer Aktie 50% verliert und aus irgendwelchen Gründen verkaufen muß, interessiert es ihn nicht, ob dieser Verlust bei starkem oder geringem Volumen an der Börse stattfand. Verlust ist Verlust. Ich erzählte daher an jenem Abend folgende Geschichte:

Eine gute und eine schlechte Nachricht

Ein Kunde kommt im Herbst 1974 ganz aufgeregt zu seinem Vermögensberater. Die politische Lage sei undurchsichtig, die Inflationsrate stiege ständig an, der US-Dollar werde jeden Tag schwächer, kurzum, er mache sich Sorgen um seine Million, die er ihm, dem Spezialisten und Experten, vor einem Jahr anvertraut habe. Der Portfolio-Manager läßt sich daraufhin die letzte Depotaufstellung kommen (heute würde er einen Blick auf den Bildschirm werfen) und antwortet mit ernster Stimme: "Herr Müller, Ihre Sorgen sind nicht unbegründet. Aber Sie können beruhigt sein, ich habe nicht nur eine schlechte, sondern auch eine gute Nachricht für Sie. Mit welcher soll ich beginnen?" Der Kunde bittet, mit der schlechten zu beginnen. "Nun", fährt der Portfolio-Manager fort, "von Ihrer Million sind nur noch knapp 500.000 übrig. Wir haben Ihr Geld in drei Blue Chips angelegt, aber die Börse ist dumm, und so wurden aus den Blue Chips eben Blut Chips." Daraufhin sackt Herr Müller in seinem Sessel zusammen und lispelt mit zittriger Stimme: "Bitte schnell die gute Nachricht." Der Vermögensberater antwortet jetzt sichtlich erleichtert: "Nach unseren neuesten Marktanalysen hat der 50prozentige Kurssturz ihrer Aktien keine große Bedeutung, da die Umsätze an der Börse nur noch ein Bruchteil früherer Jahre sind."

Diese Geschichte hatte insofern einen großen Erfolg, als andere Teilnehmer an diesem Seminar weitere Varianten des Themas lieferten. Zwei gefielen mir besonders. Als Herr Müller nach der schlechten die gute Nachricht verlangte, antwortete der Portfolio-Manager: "Herr Müller, sollten Sie noch einmal 50 % an Ihrem Portefeuille verlieren, garantiert Ihnen unsere Bank, daß der Verlust in absoluten Zahlen erheblich geringer ausfallen wird."

Eine weitere Version ist im Zusammenhang mit dem seinerzeit schwachen Dollar zu sehen. In der Tat beklagten sich besonders die Schweizer und die deutschen Vermögensverwalter, daß ihre Depotaufstellungen in harter D-Mark und harten Franken gemacht werden mußten. Die amerikanischen Portfolio-Manager hätten es da leichter, eine gute Performance auszuweisen. Und so kam die andere Variante zustande: Als Herr Müller die schlechte Nachricht geschluckt hatte, beglückte ihn der Vermögensverwalter mit der Botschaft: “In Zukunft werden wir Ihre Portefeuille-Aufstellung in amerikanischen Dollar vornehmen.”

Gefährliche Computer-Briefe

Die 70er Jahre waren für Portfolio-Manager wirklich Elendsjahre. Die Weltbörsen lagen am Ende des Jahrzehnts nicht höher als zu Beginn, und das Anlegen in Aktien glich einem Nullsummenspiel. Man konnte also nur auf dem Rücken anderer Gewinne machen. Eine höchst unbefriedigende Situation, die sich dann in den 80er Jahren total änderte.

Auf der Fahrt zu einem Symposium der weltweit größten Rückversicherung Schweizer Rück, das 1989 in Flims Waldorf stattfand, erzählte mir ein Direktor einer englischen Versicherungsgesellschaft seine Erfahrungen mit einer renommierten Londoner Investment Bank. Anfang der 70er Jahre überließ er sein Vermögen dieser Bank, mußte aber die letzten Pfunde zusammenkratzen, damit er die geforderte Mindesthöhe für eine professionelle Vermögensverwaltung von einer Million Pfund, das waren damals 3,3 Millionen D-Mark, aufbringen konnte. Ein paar Jahre später war dieses Portefeuille nur noch 700.000 Pfund wert, und er erhielt einen maschinell aufgesetzten Brief von seiner Bank. Darin wurde ihm mitgeteilt, daß sein Vermögen nicht mehr die Mindesthöhe von einer Million aufweise und er die Wahl habe, entweder 300.000 Pfund zuzulegen oder auf die professionelle Verwaltung zu verzichten. Er entschloß sich für die zweite Möglichkeit. Da er inzwischen Vorstandsmitglied einer Versicherungsgesellschaft geworden war, hatte dies später auch Folgen für die Investment Bank.

Humor beim Birnenschnaps

Gerne erinnere ich mich an die Abende, die ich mit Kollegen und Freunden in der Winterscheider Mühle verbrachte. Über 10 Jahre lang nahm ich als Berater an den Sitzungen des Anlageausschusses der Colonia und Nordstern in Köln teil. Dies alles geschah unter der Schirmherrschaft des Bankhauses Sal. Oppenheim. Einmal im Jahr kamen alle Verantwortlichen des Fondsmanagements zu einer zweitägigen konstruktiven und offenen Manöverkritik zusammen. Ich fand, gerade diese Stunden der Kritik halfen den Beteiligten am meisten. Die Idee stammte übrigens vom damaligen Colonia Vorstand Dr. Kratz, einer rheinischen Frohnatur, der ein Meister der Menschenführung war und nach harter getaner Arbeit auch gerne mit seinen Mitarbeitern ein Gläschen leerte. An einem Abend allerdings schmuggelte sich eine Williams Birne ein. Wir hatten besonders hart gearbeitet und nach dem etwas schweren Abendessen eine Runde Williams Birne bestellt. Die schmeckte köstlich. Mit von der Partie war immer ein Börsianer mit einem guten Gedächtnis, der auch im Kopfrechnen einsame Spitze war, Rolf Dreeser vom Bankhaus Oppenheim. Er stellte flugs fest, daß beim Bestellen einer ganzen Flasche Birnenwasser ein "Gewinn" von 60 % zu machen wäre. Da auch der Wirt Entgegenkommen zeigte, konnte dieser Prozentsatz bei der zweiten und dritten Flasche noch erhöht werden. Am nächsten Morgen mußten wir aber alle pünklich um 9 Uhr antreten, und jeder, der im Laufe des Tages das Wort Birne erwähnte, mußte 5 DM Strafe in die Gemeinschaftskasse zahlen.

Natürlich wurden an diesem Abend viele Anekdoten erzählt, an die ich mich aus verständlichen Gründen nicht mehr genau erinnern kann. Aber eine ist mir im Gedächtnis geblieben. Das Bankhaus Oppenheim steht in Köln in Untersachsenhausen nicht weit vom Bahnhof entfernt. Baron Alfred von Oppenheim kehrt von einer Reise zurück und kommt an einer Imbißstube vorbei. Der Geruch der Bratwürste steigt ihm in die Nase und macht ihm Appetit. Er bestellt eine Wurst, und als er sie bezahlen will, stellt er fest, daß er kein deutsches Geld bei sich hat. Er stellt sich als Baron Oppenheim vor und bittet um einen Kredit, der ihm jedoch vom Würstchenverkäufer nicht gewährt wird: "Wo kämen wir hin, wenn ich anfange, Bankgeschäfte zu machen? Dann verkaufen Sie morgen Würstchen."

Zu diesem Anlagegremium noch ein paar Worte. Da kamen also Monat für Monat zwischen 10 und 15 Kollegen zu einer Sitzung zusammen, und als Ende 1978 der Chefanalyst von Oppenheim Ekkehart Schwartzkopf, ein "unverbesserlicher Optimist", sich beruflich veränderte, überreichten ihm seine ehemaligen Kollegen des Anlageausschusses eine Sammlung von Zitaten aus den Protokollen dieser zehnjährigen Tätigkeit. Daraus möchte ich ein paar Auszüge bringen:

Protokolle können nützlich sein

15. Februar 1974: ".... Herr Dreeser verteilte sodann die Griechisch-Bücher, da der Ausschuß mit seinem Latein am Ende war."

3. Mai 1974: " ... Der Anlageausschuß, der es in seiner Modellpolitik bisher nicht an Kreativität fehlen ließ, hat sich ein neues Entscheidungsmodell ausgedacht, mittels dessen er letztlich zu eindeutig klaren Aussagen gelangt: Das Prinzip "Management by Marguerites": verkaufe, verkaufe nicht, verkaufe, verkaufe nicht."

Als dann für die meisten überraschend die Hausse wieder einsetzte, obwohl die Wirtschaft in der schwersten Nachkriegsrezession verharrte, mußte man dieses Prinzip umdrehen: kaufe, kaufe nicht, kaufe, kaufe nicht ...

20. Januar 1976: In diesem Anlageausschuß gab es natürlich auch Spannungen. Nach einer besonders stürmischen Sitzung konnte es der Protokollführer nicht unterlassen, am Schluß des Protokolls ein Zitat von Augustinus zu bringen: "Was mich zu der Gemeinschaft hinzog, war das gegenseitige Wohlwollen, das gemeinsame Lesen schöner Bücher, die Scherze der Kameraden, die

Aufmerksamkeit, die der eine dem anderen schenkte, jeder war abwechslungsweise Schüler und Lehrer des anderen."

5. März 1976: "Protokoll ist das, was vor der Sitzung vereinbart, nach der Sitzung unterschrieben und während der Sitzung nicht gesagt wurde."

13. April 1976: "Ein Bogenschütze sollte nicht hin und wieder treffen, sondern hin und wieder danebenschießen (von Lucius Annaeus Seneca, römischer Philosoph)."

29. Juli 1976: "Frisch vertagt ist halb gewonnen!"

2. September 1976: "Trading ist, wenn man die schönsten Pferde verkauft und mit den klapprigen Gäulen weiterreitet."

7. Januar 1977: "Wir müssen den Aktienmarkt betrachten wie eine kalte Dusche nach einer Sauna: Schnell rein und schnell wieder raus."

6. Januar 1978: "Die Größe des Feigenblattes ist abhängig von den Dingen, die dahinter zu verbergen sind."

13. Januar 1978: "Wenn man von allen negativen Faktoren absieht, ist das Gesamtbild recht positiv."

25. Juli 1978: "Siemens ist ein grundsolider Wert, aber Solidität ist nicht in allen Lebenslagen gefragt."

To Roland
Good wishes

Die
amerika-
nische

Altbundeskanzler Helmut Schmidt im Union League Club in New York im Janurar 1990: "Wir brauchen die amerikanische Präsenz in Europa. Europa ist noch nicht in der Lage, weltpolitische Verantwortung zu übernehmen."(s. S. 83 oben)

Jack Kemp, Vater der Kemp/Roth Bill von 1981, bei einem Gespräch auf dem Congressional Summit on Exchange Rates in Washington 1984. Er fordert eine Rückkehr zu einem System fester Wechselkurse, ähnlich dem System von Bretton Woods, ohne dessen Fehler. (s. Seite 83 unten)

Treffen mit Henry Kissinger anläßlich des von Theo Schmidt-Scheuber organisierten ABD Investment Seminars im Union League Club in New York. In den 80er Jahren war der amerikanische Portfolio-Manager privilegiert: Er brauchte nur diese jeweils im Janurar stattfindenden Seminare zu besuchen, um über alle Märkte der Welt aus erster Hand und umfassend imformiert zu sein. Etwas Vergleichbares gibt es in Europa leider nicht. (s. Seite 84)

Auf der Frankfurter Buchmesse 1985 informiert sich Bundeskanzler Kohl über das Buch "Die amerikanische Idee, Wachstum unsere Zukunft" von Jack Kemp und Roland Leuschel. Zu diesem Zeitpunkt ahnte er noch nicht, daß die Reagansche Politik der Stärke und des Wirtschaftswachstums zum Ende des Kommunismus führen würde. (s. Seite 85)

Valentins Dollar

Der Dollar als die größte Reservewährung der Welt und Repräsentant der mächtigsten Wirtschaft der Welt ist immer wieder Zielscheibe launischer und witziger Bemerkungen. So soll der berühmte Münchner Komiker Karl Valentin ein ganz besonderes Verhältnis zum Geld gehabt haben. Als in der Zeit der galoppierenden Inflation nach dem Zweiten Weltkrieg der amerikanische Dollar astronomische Zahlen an der Börse erreichte, rief ein aufgeregter Börsianer dem gerade vorbeispazierenden Karl Valentin den neuesten Kursstand zu. 1 Billion 25 Milliarden 500 Millionen 125 Tausend Mark hat er heute an der Börse erreicht. Woraufhin Karl Valentin trocken antwortete: "Mehr ist er auch nicht wert." Carl Fürstenberg, der legendäre deutsche Bankier, dem die meisten Börsen-Bonmots zugeschrieben werden, soll einmal auf die Frage eines Journalisten: "Wie tief kann die Mark noch sinken?" geantwortet haben: "Wissense, dat mit der Mark ist so ähnlich wie mit dem elektrischen Stuhl. Wenn Se da tausend Volt durchjagen, is der Mann tot. Und wenn Se fünftausend Volt durchjagen, is er auch tot. Und bei zehntausend is er ebenfalls tot. Genauso isses mit der Mark. Und drum isses egal, ob der Dollar tausend oder fünftausend oder zehntausend Mark kostet ..."

Heute ist die Lage umgekehrt. Seit im Jahr 1970 das System der festen Wechselkurse zu Ende ging, werden oft Witze über den amerikanischen Dollar gemacht. Ich kann mich erinnern, als der amerikanische Dollar 1980 bei 1,60 DM angekommen war, waren serienweise Dollarwitze im Umlauf. Einer davon war so: Ein Vater geht mit seinem Sohn in der Frankfurter Innenstadt spazieren, und sie entdecken eine Dollarnote auf dem Boden. Der Vater befiehlt seinem Sohn, sie aufzuheben. Der jedoch weigert sich mit der Bemerkung, der Dollar sei nichts mehr wert. Der Vater besteht jedoch darauf mit der Erklärung, er solle die Banknote ruhig aufheben, denn es könne ja etwas Wertvolles, z.B. eine D-Mark, darunter liegen. Wenn sich solche Witze häufen, ist die Umkehr des Trends nicht weit.

Der Dollar stieg Anfang 1985 wieder auf 3,50 DM, und Ende letzten Jahres blühten auch wieder Dollarwitze. Es waren mehr oder weniger dieselben, und prompt läuteten sie eine Umkehr ein. Heute ist der amerikanische Dollar nach wie vor die wichtigste Reservewährung der Welt: Rund 70 % der Währungsreserven der Notenbanken werden in amerikanischen Dollar gehalten. Anfang der 70er Jahre waren es über 90 %. Die D-Mark repräsentiert nach dem letzten Stand rund 20 % der Weltwährungsreserve, sie hat also eine phantastische Karriere gemacht, was von dem amerikanischen Falschgeldexperten Peter T. Mock schon vor einiger Zeit bestätigt wurde. Nach seinen Erfahrungen ist die Deutsche Mark nach dem US-Dollar mittlerweile die am meisten gefälschte Währung der Welt.

Zu der Dollarkrise Mitte der 70er Jahre hatte der damalige amerikanische Finanzminister Michael Blumenthal beigetragen, indem er die "open mouth policy" in der Währungspolitik einführte. Er erklärte immer wieder, der Dollar sei zu hoch bewertet. Experten schlugen damals vor, den Dollar in Blumenthaler umzubenennen, ein Blumenthaler bestünde dann aus hundert Blumencents. Michael Blumenthal wurde danach Chef der zweitgrößten Computerfirma der Welt Unisys. Der Kurs dieser Aktie fiel von fast 50 Dollar Anfang 1987 auf 2,5 Dollar 1990. Es ist anzunehmen, daß dieser Kursrückgang nicht gewollt war.

DIE GOLDEN EIGHTIES

Mehrfach habe ich auf die miserablen 70er Jahre hingewiesen. Ganz anders verliefen die 80er. Waren Inflation, steigende Arbeitslosigkeit und auswuchernde Staatsdefizite die wesentlichen Merkmale der 70er Jahre, so verliefen die 80er Jahre genau umgekehrt. Aus der Vergangenheit wissen wir, daß nur in Zeiten von Stabilität bzw. rückläufiger Inflationsraten Finanzanlagen überdurchschnittliche Rendite bringen. Um es klar zu formulieren, wer erfolgreich die 70er Jahre überstehen wollte, mußte in Grundstücke, Häuser, Gold oder, wenn er besonders schlau war, in Öl investieren. In den 80er Jahren waren dagegen Anleihen und Aktien die Renner. Was war geschehen?

Im Herbst 1979 wurde Paul Volcker Chef der amerikanischen Notenbank. Er war entschlossen, der Inflation mit einer monetaristischen Geldpolitik den Kampf anzusagen. Er setzte etwas in die Praxis um, das die Bundesbank bereits 1975 erfolgreich angewendet hatte, denn schon Ende 1974 kündigte sie als erste Notenbank der Welt ein Geldmengenziel für das folgende Jahr an. Als unmittelbare Folge des Endes der festen Wechselkurse war es nun den einzelnen Zentralbanken der Volkswirtschaften überlassen, ihre jeweiligen Geldmengen selbst zu steuern. Vergessen ist heute und muß daher besonders hervorgehoben werden, bereits 1972 wurde der Versuch unternommen, in der Europäischen Gemeinschaft aufeinander abgestimmte Geldmengenziele festzulegen. Leider waren die meisten EG-Länder noch nicht reif dafür, und so wurde dieser EG-Beschluß von 1972 nicht in die Praxis umgesetzt.

Nachdem also Paul Volcker den wahrscheinlich wichtigsten Posten in der westlichen Wirtschaft übernommen hatte, veränderte sich alles. (Es ist übrigens interessant, wie sehr sich die Finanzmärkte anfangs in diesem Mann täuschten.) Als Kämpfer gegen die Inflation legte der neue Notenbankpräsident den Grundstein für die goldenen 80er Jahre an den Finanzmärkten und war natürlich auch gleichzeitig für den Fall des so beliebten Goldes verantwortlich. Konnte man vorher noch getrost mit Goethe sagen "am Golde hängt, zum Golde drängt doch alles", so mußte man jetzt die Konsequenzen ziehen und aus Gold aussteigen. Ich kann mich noch genau an diese Zeit erinnern, denn im Jahre 1981 schrieb ich in der deutschen Zeitschrift "Das Wertpapier" einen Artikel, in dem ich voraussagte, daß der Dow Jones noch in den 80er Jahren auf 3.000 gehen werde, aber nicht das Gold. Anlaß war ein Artikel des englischen Brokerhauses James Capel, das den Goldpreis zunächst bei 1.500 $ die Feinunze und anschließend bei 3.000 $ sah. Der Goldpreis stieg noch im Jahr 1980 und erreichte Anfang 1981 mit 830 $ die Feinunze seinen Höhepunkt, bevor er dann rapide abfiel. Anderthalb Jahre lang nahmen die Finanzmärkte Volckers Entschlossenheit, die Inflation zu bekämpfen, nicht ernst. Einmal mehr bereiteten mir meine Vorhersagen Ärger. Vom belgischen Fernsehen als Kommentator in den Abendnachrichten eingeladen, sagte ich im Januar 1981 einen Rückgang des Goldpreises von mindestens 50% voraus. Es ist eine alte Regel: Bei einem spekulativen Anstieg eines Preises, wobei es keine Rolle spielt, ob es sich um eine Aktie oder einen Rohstoff handelt, setzt oft eine Korrektur von 50% ein, wenn das betreffende Produkt aus der Mode kommt. An jenem Abend saß ein Kunde der BBL in der wohlhabenden flämischen Stadt Kortrijk vor seinem Bildschirm, nachdem er am Nachmittag 10 Kilo Gold auf Kreditbasis bei der BBL erworben hatte. Mit diesem Erwerb im Rücken und einer Zigarre im Mund wartete er auf positive Nachrichten über den Goldpreis. In der Tat wurden Abend für Abend die Preise für Gold in den Abendnachrichten bekanntgegeben, und so mancher fühlte sich zur Spekulation animiert. Als dieser Kunde meine Prognose von einem möglichen 50 %igen Wertverlust des Goldes erfuhr, rief er sofort unseren Bankdirektor an. Der beruhigte den Kunden mit der Erklärung, ich gehörte zu jenen, die den Dow Jones bei 3.000 sähen, und das Ergebnis könne er ja aus der Presse erfahren. In der Tat fing die amerikanische Börse erst im August 1982 an zu steigen, und Anfang 1981 sah es noch trübe aus. Unser Kunde beruhigte sich und kaufte aus Trotz am nächsten Tag weitere 10 Kilo Gold dazu. Die Lehre aus dieser Geschichte ist einmal mehr: Dieser Kunde ist ein typisches Beispiel für prozyklisches Verhalten. Wer eine Strategie fährt, muß langfristig denken können.

The American Wirtschaftswunder

In den Rezessionsjahren 1980 und 1981 war die Stimmung weltweit schlecht. Keiner konnte sich so richtig vorstellen, wie aus dieser maroden Lage wieder eine blühende Wirtschaft entstehen könne. In einer solchen Situation sind die Börsen tief und Aktien als Anlage unbeliebt. Was sich dann abspielte, belegt eine alte Börsenweisheit:

"Haussemärkte werden im tiefsten Pessimismus geboren, wachsen in der Skepsis, altern im Optimismus und sterben plötzlich in der Euphorie."

Die 80er Jahre verliefen genau nach diesem Schema: Als sich die Kurse weltweit verfünffacht hatten, Anleger bereit waren, 80 bis 100 Mal den Jahresgewinn zum Erwerb einer japanischen Aktie auf den Tisch zu legen, da krachte es eben.

Es gab für die goldenen 80er Jahre ein paar wesentliche Gründe. 1981 wurde ein neuer US-Präsident gewählt, er hieß Ronald Reagan. Als ehemaliger Filmschauspieler und Leinwand-Cowboy war er Zielscheibe der Kritik, besonders von Seiten der europäischen Intellektuellen. Das erste Gesetz des neuen Präsidenten war die Kemp-Roth-Bill 1981, die den Höchststeuersatz in Amerika von 70 auf 50 % senkte. Es war eine amerikanische Revolution. Ergänzend zu dieser Steuerrevolution kam die bereits unter Präsident Carter eingeführte Deregulierung der Märkte. Aber ebenso wichtig war die neue konservative Geldpolitik eines Paul Volcker. Alles zusammen führte zu einem Wirtschaftsaufschwung, der in Amerika im November 1982 einsetzte und im Juli 1990 zu Ende ging. Er war also dreieinhalb Mal länger als der durchschnittliche Aufschwung in Friedenszeiten. Nur die Wirtschaftsexpansion von 1961 bis 1969 war mit 106 Monaten um 13 Monate länger.

Die Bilanz dieser sogenannten angebotsorientierten Wirtschaftspolitik, deren geistiger Vater Ludwig Erhard war und die der amerikanische Abgeordnete Jack Kemp als "American Wirtschaftswunder"(*) bezeichnete, war die Schaffung von 19,3 Millionen Arbeitsplätzen. Das Bruttosozialprodukt stieg in dieser Zeit um real 32 % bzw. 4,2 % pro Jahr. Anfang der 80er Jahre sprach die ganze Welt von der sogenannten Desindustrialisierung Amerikas. In der Zeit von November 1982 bis Juli 1990 stiegen die amerikanischen Exporte um rund 93 %. Diese Zahl beantwortet klarer als jedes Wort, wie wenig fundiert diese Aussage war. Amerika ist im Jahre 1990 wieder die größte Exportnation der Welt geworden. Der amerikanische Wirtschaftsaufschwung bestand eben nicht nur in der Schaffung von Dienstleistungen à la McDonald, wie viele europäische Wirtschaftsexperten und Politiker abfällig bemerkten. In dieser Zeit stiegen die privaten Investitionen um mehr als 71 %, und noch nie wurden so viele neue kleine Unternehmen gegründet wie in dieser Zeit. Das Unternehmereinkommen nicht-landwirtschaftlicher Eigentümer (nonfarm proprietors) stieg in dieser Zeit um 65,4 %. Zwei Drittel davon gingen auf das Konto der Kleinunternehmer. "Man kann sich eine derartige Explosion individueller Kreativität und Unternehmertums ohne den scharfen Rückgang der Höchststeuersätze bei Einkommen und bis 1987 bei Kapitalgewinnen nicht vorstellen", schrieb Alan Reynolds, Direktor of Economic Research am Hudson

Institute in Indianapolis, Anfang Mai 1991 im "Wall Street Journal".

Da die amerikanische Volkswirtschaft nach wie vor die größte in der westlichen Welt ist, hatte ihr Aufschwung entsprechende Rückwirkungen auf die Weltwirtschaft.

(*) Siehe Rede des Republikaners Jack Kemp vor dem Wirtschaftsclub von Detroit am 11. Mai 1981, abgedruckt in dem Buch von Jack Kemp und Roland Leuschel "Die amerikanische Idee, Wachstum - unsere Zukunft", Wirtschaftsverlag Langen-Müller/Herbig, 2. Auflage 1985.

Aufschwung der Weltwirtschaft

Da Amerika als erste große Nation ein kräftiges Wirtschaftswachstum produzierte, entstanden weltweit starke Ungleichgewichte. Die amerikanischen Importe stiegen rasant an, und das amerikanische Handelsbilanzdefizit erreichte im Jahr 1986 rund 170 Mrd. Dollar. Auch das Haushaltsdefizit der amerikanischen öffentlichen Hand erreichte mit fast 200 Mrd. Dollar (5 % des Bruttosozialprodukts) neue Rekordhöhen. In jener Zeit wurde die amerikanische Wirtschafts- und Haushaltspolitik gerade in der Bundesrepublik von führenden Politikern und Experten stark kritisiert. Eine etwas scheinheilige Haltung, denn es dürfte wohl kein Zweifel darüber bestehen, daß den amerikanischen Importen in erster Linie europäische und japanische Exporte gegenüberstanden. Der Ursprung des Wirtschafts-aufschwungs in Japan und Europa lag im amerikanischen Wachstum und nirgends anders.Nach Berechnungen des Massachusetts Institute of Technology in Boston entfallen auf eine Produktion von 40 Mrd. Dollar eine Million Arbeitsplätze. Das amerikanische Außenhandelsdefizit schuf also bis 1986 6 bis 7 Millionen Arbeitsplätze in Japan und Europa.

Aus Chart 10 ist ersichtlich, wie auch in der OECD Anfang 1983 der Wirtschaftsaufschwung einsetzte und heute noch anhält. Die Entwicklung der Inflationsrate (Chart 11) hingegen widerlegt die alte Theorie, nach der eine Inflationsbekämpfung nur durch eine Rezession möglich sei, denn die Inflationsrate in der OECD lag Anfang 1981 bei 15 % und fiel kontinuierlich bis Anfang 1987 auf knapp unter 2 %. Der Rückgang der Inflationsrate bei gleichzeitig steigendem Wirtschaftswachstum kann nur mit einer angebotsorientierten Wirtschaftspolitik und restriktiven Geldpolitik erklärt werden.

Die Erfolge der Reaganschen angebotsorientierten Wirtschaftspolitik haben nicht nur Bewunderer, sondern vor allem scharfe Kritiker auf den Plan gerufen. Sie machten diese Politik für die inzwischen eingesetzte Krise verantwortlich und beanstandeten vor allem die Haushaltsdefizite der Amerikaner, den schwachen Dollar und die Turbulenzen auf den Finanzmärkten. Wieder einmal waren die Amerikaner schuld, wenn in der westlichen Welt etwas nicht funktionierte.
Das hohe Haushaltsdefizit der Amerikaner kann

nicht geleugnet werden. Aber wie sieht es mit der deutschen Volkswirtschaft aus? Das Haushaltsdefizit der öffentlichen Hand ist nunmehr auf 5,5 % des Bruttosozialproduktes angestiegen, also auf eine Höhe, die selbst das amerikanische Defizit nicht erreicht hat. Nur sind "deutsche Schulden gut für Deutschland", wie die Zeitschrift "Das Wertpapier" Anfang 1991 in einem Leitartikel behauptete. Außerdem ist die deutsche Leistungsbilanz innerhalb kurzer Zeit von Rekordüberschüssen in große Defizite abgesunken (5,3 Mrd. allein im März 1991). Da Deutschland inzwischen mehr importiert als exportiert, ist es für andere Länder zu einer Art Wirtschaftslokomotive geworden, wie es Amerika in den 80er Jahren für die westliche Welt war. Ich hoffe, unsere Politiker haben gemerkt, daß die Amerikaner uns dafür nicht mit Kritik überhäufen. Auch die Bundesbank zeigt Verständnis für diese Entwicklung. Das neue Direktionsmitglied der Bundesbank, Prof. Otmar Issing, beurteilte vor dem Club der Frankfurter Wirtschaftsjournalisten die Stagnation der deutschen Ausfuhren als ausgesprochen glücklichen und günstigen Umstand (Chart 12). In der Presse (Mannheimer Morgen) war am nächsten Morgen in großen Lettern zu lesen:

**"Bundesbank begrüßt Loch in der Außenhandelsbilanz
Währungshüter: Ein höchst willkommener Vorgang."**

Der deutsche Leser kann daraus schließen: Amerikanische Haushaltsdefizite und die damit verbundenen Schulden sind schlecht, deutsche Haushaltsdefizite und die damit verbundenen Schulden sind gut; amerikanische Defizite im Außenhandel sind ein Beweis für die geringe Wettbewerbsfähigkeit der amerikanischen Industrie, deutsche Außenhandelsdefizite sind positiv zu bewerten. Der kritische Leser jedoch sieht schwierige Zeiten für die D-Mark voraus und schützt sich entsprechend.

Die Aktienbörse - eine dürre Heide?

In den letzten Jahren hat sich die Aktienbörse immer mehr zu einem Spielkasino entwickelt. Leider haben Banken und Brokerhäuser diese Entwicklung gefördert, indem sie die "Bedürfnisse" des Marktes mit einer Flutwelle von neuen Finanzprodukten überschwemmten. Mittlerweile werden an der Frankfurter Börse mehr Optionsscheine als Aktien notiert. Die Optionsscheinbesitzer haben in der Regel nicht die Absicht, Aktionär einer Gesellschaft zu werden, sie möchten ganz einfach über die sogenannte Hebelwirkung einen schnellen spekulativen Gewinn machen. Ende der 20er Jahre war es ähnlich. Eine entscheidende Rolle spielte damals und auch 1987 ein unerschütterlicher Optimismus. Nach einer langen Expansion des Wirtschaftswachstums glauben die Menschen, das Wachstum ist grenzenlos, und jeder hat das Recht, schnell reich zu werden. Wer 1981 oder 1982 nicht den Mut hatte, Aktien zu kaufen, versucht mit der Hebelwirkung der Optionen in sechs Monaten fünf versäumte Jahre nachzuholen. ***"Das Spekulationsbedürfnis hängt mit diesem unerschütterlichen Optimismus aufs engste zusammen",*** folgert John Kenneth Galbraith in seinem Buch "Der große

Crash 1929" und warnt: ***"In der Tat birgt die Entwicklung des Spekulationsverhaltens eine höchst spezifische Eigendynamik, die notgedrungen auf den Absturz hinausläuft".*** Warren Buffett verdankt seinen Erfolg dem Kauf guter Aktien zum richtigen Zeitpunkt, er kaufte keine Optionen oder Calls und überstand den Börsenkrach von 1987 unbeschadet. Er ist ein Investor und kein Spieler und ist doch einer der reichsten Männer der Welt geworden.

Mephisto beschreibt den Spekulanten in Goethes Faust zutreffend:

"Ein Kerl, der spekuliert, ist wie ein Tier auf dürrer Heide. Von einem bösen Geist im Kreis herumgeführt, und rings umher liegt schöne, grüne Weide."

Auch in Deutschland und Österreich hat sich das Options(un)wesen breitgemacht, in Ländern also, wo die Börse eine eher untergeordnete Rolle spielt. Nur etwa 6 % der Deutschen sind Aktionäre, in Österreich knapp 4 %. Das sind schon magere Zahlen im Verhältnis zu den klassischen Ländern des Volkskapitalismus wie den USA und Japan, wo rund 21 % der Bevölkerung direkt Aktien besitzen. Über institutionelle Investoren (Anlagefonds, Investmentclubs und Pensionsfonds) ist der Anteil der Aktienbesitzer in diesen Ländern noch erheblich höher. Man kann auch eine andere Rechnung aufstellen: Die Börsenkapitalisierung beträgt in Japan 95,4 % des Bruttosozialprodukts, in Amerika 52,2 %, Deutschland kommt nur auf knappe 23 %. So ist es auch nicht verwunderlich, daß die deutsche Aktienbörse von deutschen Bankiers und

Anlegern zwar als die für sie wichtigste Börse angesehen wird, aber im internationalen Aktienkonzert eine untergeordnete Rolle spielt. Dies hindert den größten deutschen Börsenbrief nicht, mit ganzseitigen Anzeigen in den großen deutschen Zeitungen den Lesern immer wieder mitzuteilen, daß "German stocks" die Nr. 1 in Europa sind, wenn der Dax bei 1.800 und "German stocks" die Nr. 1 in Europa bleiben, wenn der Dax bei 1.500 ist, damit der Humor nicht zu kurz kommt. Die Börsenkapitalisierung der deutschen Aktien erreicht gerade 6 % der internationalen Börsenkapitalisierung. Die drei größten Börsen sind Wall Street (35 % der Börsenkapitalisierung), Kabuto Cho (34 %) und London Stock Exchange (12 %) (Chart 13). Wie schnell sich die Dinge entwickeln, zeigt das Nachschlagewerk von Dr. Otto Hintner über Wertpapierbörsen, das 1961 auf den Markt kam. Unter dem Kapitel "Wichtige ausländische Wertpapierbörsen" findet man Zürich, New York, London und Paris, aber Tokio wird mit keiner Silbe erwähnt.

Apropos Optionsscheine

In meiner Funktion als Chefberater der Österreichischen Länderbank für internationale Wertpapieranlagen hatte ich im Frühjahr 1990 ein interessantes Erlebnis. Wieder einmal blühte der Markt für Optionsscheine, und die Wiener Börse, die schon 1989 mit einer Hausse von über 100 % an der Spitze der Weltbörsen gelegen hatte, zeichnete sich erneut als beste Wertpapierbörse der Welt aus und stieg bis Mitte Juni um fast 40 %. Mein geschätzter und charmanter Kollege Dr. Wolfgang Feuchtmüller und ich empfingen einen unzufriedenen Kunden, der gerade 500.000 Schilling (etwa 70.000 DM) von seinem Sparkonto abgehoben hatte und sie uns mit einer heftigen Bewegung auf den Tisch warf. "Nun macht mal was daraus, Ihr Profis! Eure Verzinsung des Sparkontos ist für mich ein legalisierter Betrug. Dies ist der größte Teil meines Vermögens - also keine Spekulationen!" Dr. Feuchtmüller fragte etwas unsicher: "Also auch keine Aktien?" "Unter keinen Umständen", antwortete der Kunde, "das ist mir viel zu gefährlich." Ich fragte vorsichtig: "Was darf es dann sein?" Die Antwort kam wie aus der Pistole geschossen: "Optionsscheine natürlich!"

Anschließend erfuhr ich, die Kunden gaben bei vielen Emissionen einfach die Zahl der gewünschten Optionsscheine an, ohne die dazugehörenden Aktien zu benennen.

Die Gefahr ist die systematische Verwandlung der Börse in ein Glücksspiel. Schuld an dieser Entwicklung haben nicht nur die Anleger, die diese Instrumente falsch benutzen, sondern auch die Banken und Brokerhäuser, die ständig neue Varianten der spekulativen Geldanlage entwickeln. Es gibt kaum einen Tag ohne die Ankündigung eines neuen Warrants, Calls oder Puts auf Zinsen, auf Währungen, auf Aktienindizes etc. Ursprünglich waren diese Instrumente mit dem Ziel geschaffen worden, ein bestehendes Aktienportefeuille abzusichern, indem man als Stillhalter Optionen verkaufte. Ein Beispiel: Wenn eine Versicherungsgesellschaft

300.000 GB-Inno-BM Aktien besitzt und sie den Aktienkurs für kurzfristig ausgereizt oder sogar zu teuer hält, ist es legitim, Calls auf einen Teil dieses Aktienbestandes herauszugeben, um den Wert des Portefeuilles zu sichern. Aber im Jahr 1991 zum Beispiel ist genau das Gegenteil eingetreten. Ein Londoner Brokerhaus kaufte an der Brüsseler Börse GB-Inno-BM Aktien, um 300.000 Warrants zu emittieren. Für das Brokerhaus ein totsicheres Geschäft, denn zum einen wird durch den Kauf eines so großen Paketes in einer relativ kurzen Zeit ein immenser Kursanstieg verursacht. Wenn die letzten Stücke des Blockes gekauft sind, erreicht der Kurs seinen Höchstpunkt, und der Einstandspreis für den ganzen Block wird in aller Regel 15, 20, oder 25 % darunter liegen. Aber damit nicht genug; der Wandlungspreis eines emittierten Warrants liegt normalerweise 15 % über dem gerade gültigen Schlußkurs. Der Dumme ist dann der Käufer eines solchen Warrants, denn er hat zwei Gegner: Erstens ist der Kurs der Aktie durch den Kauf des Blocks überbewertet, zweitens muß der Kurs um mehr als 15 % steigen, bevor der Warrantbesitzer den ersten Pfennig Gewinn macht. Drittens hat er einen unerbittlichen Gegner, die Zeit, denn die Ausübung eines Kaufrechtes wird zeitlich auf ein bis zwei Jahre limitiert. Inzwischen sind viele Banken und Brokerhäuser auf diesem Markt tätig. Die meisten Käufer von Warrants wollen gar keine Aktionäre werden, sie möchten nur schnell einen Gewinn einstreichen, und so mancher Spekulant finanziert derlei Käufe auch noch mit Kredit. Einige Frankfurter Optionsscheinhändler beurteilen die Gewinnchancen auf diesem Markt sicherlich anders.

Dieser Markt ist übrigens mehr und mehr den Spezialisten vorbehalten, und Börsenprofis meiner Generation, die Jahre gebraucht haben, um die Aussichten eines Unternehmens und die mögliche Kursentwicklung beurteilen zu können und mit so altmodischen Begriffen wie KGV (Kurs/Gewinn/Verhältnis, Rendite, Kapitalmarktverzinsung etc.) gearbeitet haben, müssen umdenken: Sie müssen lernen, daß ein Beta ein von der Marktentwicklung bestimmtes Kursrisiko einer Aktie ist, ein Delta wie ein Beta ist, jedoch im Verhältnis Options- zu Basiswert, jedoch ein Gamma wie ein Beta, nur im Verhältnis Delta- zu Basiswert. Wer jetzt noch nicht alles verstanden hat, muß wissen, daß ein Theta wie Beta, jedoch im Zeitwert einer Option in Abhängigkeit von Restlaufzeiten der Option und Kursentwicklung des Basiswertes ist. Man sieht also, wie einfach es ist, auf diesem Markt sein Geld zu verlieren.

Schwierigkeit im Umgang mit kapitalistischen Strukturen

Die Deutschen haben zweifellos ein gestörtes Verhältnis zu kapitalistischen Strukturen. Und dies mag auch ein Grund dafür sein, warum die Börsenkapitalisierung im Verhältnis zur Gesamtleistung der Wirtschaft so gering ist bzw. warum die Aktienbörse zum Tummelplatz für Spekulanten wurde. Die gesamte Einstellung zur Börse ist daher verkrampft. Jeder findet es normal, am Fernsehen die öffentliche Ziehung der Lottozahlen präsentiert zu bekommen, aber der Kurs des amerikanischen Dollars oder die Entwicklung der deutschen Aktien wird nur dann in den Nachrichten erwähnt, wenn irgend etwas Außergewöhnliches passiert ist. Es gibt einige Sender wie die Telebörse von SAT 1 oder 3 SAT, die sich mit den Aktienmärkten beschäftigen. Die Telebörse von SAT 1 bringt täglich direkt aus der Börse die letzten Informationen und bemüht sich über Analysen und Vorstellung von Gesellschaften, dem Zuschauer fundamentale Elemente für die Aktienbewertung zu übermitteln.

Auch ZDF und ARD bringen mittlerweile in ihren Mittagsmagazinen regelmäßig Berichte von der Frankfurter Börse. Die Dinge sind also auch hier in Bewegung geraten, aber wir sind von amerikanischen Verhältnissen noch weit entfernt. Dort gibt es einen eigenen Sender, der nur Nachrichten über die Finanzmärkte ausstrahlt. Es wird noch einige Jahre dauern, bis es in Europa einen ähnlichen Sender gibt.

Das gestörte Verhältnis der Deutschen und der anderen Europäer zu kapitalistischen Spielregeln läßt sich an einem einfachen Beispiel darstellen. In Deutschland müssen Zinsgutschriften und Kupons von Anleihen als Einnahmen in der Steuererklärung angegeben werden. Schon seit Jahren weiß das Finanzministerium, nur 20 bis 30 % dieser Zinseinnahmen werden auch angegeben. Der ehemalige Finanzminister Stoltenberg wollte daraufhin eine 10 %ige Quellensteuer einführen. In Wirklichkeit handelte es sich nicht um eine neue Steuer sondern lediglich um eine Vorauszahlung, insofern der deutsche Bürger seine Zins- und Kuponeinnahmen gewissenhaft angibt. Es wurde ein Desaster. Nicht nur über 100 Mrd. DM verließen die Bundesrepublik, sondern Stoltenberg mußte auch sein Ministerium abgeben. Sein Nachfolger Theo Waigel schaffte diese Steuer wieder ab, mutig und entschlossen, wie es seine Art ist, und bekam im Juni 1991 die Antwort vom Bundesverfassungsgericht. Die Karlsruher Verfassungsrichter haben die Praxis der Besteuerung von Kapitalerträgen für verfassungswidrig erklärt. Die Lohnsteuer wird automatisch von den Gesellschaften und Behörden einbehalten, es gibt wenig Möglichkeiten, sie zu umgehen oder zu vermindern, die Besteuerung von Kapitalerträgen hingegen ist in Deutschland weitgehend unkontrolliert. Man sieht, jeder ist gleich vor dem Gesetz, nur sind die einen etwas gleicher als die anderen. Ich hätte mir folgenden Hinweis der Karlsruher Richter gewünscht: Sparen ist der Teil des versteuerten Einkommens, den der Bürger nicht ausgibt. Die Ersparnisse sind also grundsätzlich bereits versteuert. Bei der Besteuerung der Erträge daraus sollten daher andere Maßstäbe angelegt werden, da die Zukunft einer Volkswirtschaft nur über hohe Investitionen garantiert sein kann und diese nur durch Ersparnisse zu finanzieren sind.

Das Karlsruher Urteil hat der deutschen Börse einen kurzfristigen Kurssturz beschert, da eine Kapitalflucht und ein Anziehen der Zinsen befürchtet wurden. Eine große deutsche Zeitung kritisierte die Entscheidung der Karlsruher Richter, da sie den Kapitalmarkt und die Staatsfinanzen in einer Situation treffe, “in der ohnehin die finanzwirtschaftlichen Grenzen der Leistungsfähigkeit des Gemeinwesens in greifbare Nähe gerückt sind”.

Ich stehe der Einführung der 10 %igen Quellensteuer positiv gegenüber. Zum einen erscheint mir der Satz angemessen, und zum anderen würde seine befreiende Wirkung Kapitalflucht verhindern. In Belgien wurde 1990 eine ähnliche Steuer eingeführt und die Erfahrungen sind bisher gut. Ein Kapitalist, der nicht bereit ist, 10 % Steuer auf seine Kapitalerträge zu bezahlen, ist kein echter Kapitalist.

Die Gefahr der Kapitalflucht hat noch andere Gründe. Zwar finden regelmäßige Treffen der europäischen Finanzminister statt, es ist ihnen jedoch noch nicht gelungen, eine Anpassung der Besteuerung der Kapitalerträge zu harmonisieren. Es gibt sogar ein EG-Land, in dem Kapitalerträge völlig steuerfrei sind: Luxemburg. Damit der Karlsruher Richterbeschluß keine Fördermaßnahme für den Finanzplatz Luxemburg wird, bleibt daher nur eine Lösung: Eine einheitliche Besteuerung von Kapitalerträgen in allen EG-Ländern von 10 % unter Einbeziehung der Dividenden von Aktien. Eine solche Maßnahme wäre eine Förderung der Aktienmärkte in der EG, und könnte eine wichtige Rolle bei der Kapitalbeschaffung für die Restrukturierung Osteuropas spielen.

STRATEGIE FüR DIE KOMMENDEN JAHRE

Die 80er Jahre waren in ihrer Art einmalig und werden als eine entscheidende Dekade in die Geschichte eingehen. Sie haben nicht nur den längsten Wirtschaftsaufschwung in Friedenszeiten und den Anlegern viel Reichtum verschafft, sie haben vor allen Dingen vielen Millionen Menschen Freiheit und Demokratie geschenkt. Zwei Persönlichkeiten dürfen sich für diese Entwicklung verantwortlich fühlen. Einerseits der ehemalige amerikanische Präsident Ronald Reagan, der mit seinen einfachen Prinzipien wie Steuerkürzungen und mehr Wettbewerb die Grundvoraussetzungen für den Wirtschaftsaufschwung schuf, und gleichzeitig mit einer Politik der Stärke die sowjetische Wirtschaft an die Wand rüstete. Die andere Persönlichkeit war ohne Zweifel Michael Gorbatschow. Man kann ihn wie Henry A. Kissinger als “eine der schöpferischsten Figuren dieses Jahrhunderts” bezeichnen. “Der Zusammenbruch des Kommunismus, die Befreiung Osteuropas und das Nachlassen des Staatsterrorismus wurden durch seinen Mut und seine Initiativen Wirklichkeit”. Man kann ihn aber auch als realistischen Politiker einstufen, der das Ende der sowjetischen Wirtschaft und der kommunistischen Idee kommen sah und zu schwach war, sich dagegen zu stemmen. Bei all diesen Reformen war trotz allem überzeugter Kommunist und bestand darauf, es zu bleiben. Ich befürchte, die 90er Jahre werden Übergangsjahre, in denen sich eine neue Weltordnung, ganz besonders eine neue Ordnung in Osteuropa erst herauskristallisieren muß. Solche Jahre sind erfahrungsgemäß turbulent und voller Risiken. Vergessen wir jedoch nicht, bei großen Risiken gibt es auch große Chancen.

1. Neue Weltordnung oder Unordnung

Mit dem Fall der Mauer am 9. November 1989 wurde auch nach außen hin eine für Leute mit gesundem Menschenverstand schon seit längerer Zeit bekannte Tatsache deutlich: Die dirigistische sowjetische Wirtschaft hatte den Wettlauf mit dem Westen verloren und konsequenterweise als politische Weltmacht ausgedient; es gab von diesem Zeitpunkt an nur noch eine Weltmacht: die Vereinigten Staaten von Amerika. Wir werden also in den kommenden Jahren unter einer sogenannten "Pax Americana" ohne politisches Gegengewicht leben, ob es uns gefällt oder nicht. Den ersten Beweis lieferte der sogenannte Golfkrieg. Da überfällt ein Diktator das reiche Kuweit, weil er offensichtlich an ein Machtvakuum glaubte. Acht Jahre lang wurde Saddam Hussein vom Westen und Osten in seinem Krieg gegen den Nachbar Iran militärisch unterstützt. Über eine Million Menschen wurden in dieser Zeit geopfert. Nachdem er im Juli 1990 von der amerikanischen Botschafterin eine zweideutige Antwort auf seine aggressiven Absichten gegenüber Kuweit erhalten hatte, entschloß er sich, seine eigene Macht im Golf auszuweiten. Er hatte die Rechnung ohne Amerika gemacht. Die Europäer hatte er richtig eingeschätzt, die konnten sich zu einer geschlossenen Haltung nicht durchringen, und die militärischen Aktionen der USA wurden von Großbritannien und nach einigem Zögern auch von Frankreich unterstützt. Aber ohne die amerikanische Entscheidung, militärisch zu intervenieren, wäre in Europa nichts Konkretes geschehen. Bemerkenswert war die deutsche Reaktion. Nachdem auch das Nato-Land Türkei in Gefahr geraten war, hätten deutsche Soldaten zur Verteidigung dieses Landes eingesetzt werden können. Die Antwort war spontan, die Zahl der Wehrdienstverweigerer stieg auf Rekordhöhen an, und letzten Endes mußte Finanzminister Waigel sein Scheckbuch zücken, um das Image Deutschlands in der Welt zu retten. Allerdings blieb der Welt ein heroischer Akt der Deutschen mehr oder weniger verborgen: Sie verzichteten zum ersten Mal in ihrer Geschichte auf den Karneval. Sollten Franzosen oder andere Europäer vor einer "Pax Germanica" in Europa Angst haben, dann dürfte dieses Ereignis ihre Sorgen mindern. Auch die Österreicher wollten ihre Opferbereitschaft zeigen und ließen den traditionsreichen Wiener Opernball ausfallen.

Im Juli 1991 hatte die EG eine neue Gelegenheit, ihre Unfähigkeit, klare politische Entscheidungen zu treffen, unter Beweis zu stellen. Unter ihrem vorübergehenden Ratspräsidenten, dem luxemburgischen Außenminister Jacques Poos, hatte eine "EG-Troika" den Einheitswillen der serbischen Kommunisten unterstützt und den Freiheitsdrang des slowenischen und kroatischen Volkes den Panzern der jugoslawischen Zentralgewalt überlassen. Der luxemburgische Außenminister lieferte dann in einen Zeitungsinterview die Begründung nach: "Das Selbstbestimmungsrecht der Völker ist ein Begriff, der als Basis für eine internationale Ordnung gefährlich ist." Nun, es gibt viele Regionen in Europa, die das in der KSZE-Charta im Dezember 1991 in Paris garantierte Selbstbestimmungsrecht in Anspruch nehmen könnten und auch werden. Jugoslawien wird nicht der letzte Krisenherd dieser Art sein. Der Zerfall der Sowjetunion und das Entstehen zahlreicher Teilrepubliken dürfte so gut wie sicher sein.

Als ich im Januar 1990 Altbundeskanzler Helmut Schmidt im Union Leage Club in New York traf, stellte er eine bemerkenswerte Prognose: "Michael Gorbatschow ist zwar ein Vollblutpolitiker, und wir Deutschen verdanken ihm viel. Aber leider versteht er nichts von wirtschaftlichen Zusammenhängen und hat sich mit entsprechend inkompetenten Beratern umgeben. Seine "politischen" Überlebenschancen sind gering, und die Gefahr eines wirtschaftlichen Chaos ist groß." Im Sommer 1991 scheint die Wirklichkeit dieser Prognose recht zu geben. Aber der Altbundeskanzler hatte noch eine andere Vision: "Wahrscheinlich wird sich eine Republik Rußland herauskristallisieren, die mit 150 Millionen Einwohnern, einer Sprache und einer Kultur ein homogenes Volk bilden wird. Diese Republik verfügt über atomare Waffen und könnte für Europa gefährlicher sein als eine schwache Sowjetunion. " Dies gilt erst recht für einen Staatenbund Rußland-Ukraine, der mit 200 Millionen Einwohnern fast 80 % des sowjetischen Bruttosozialproduktes repräsentiert. Als Deutscher, der seit 1963 in Belgien lebt und sich in einem Europa unter der Dominanz deutsch-französischer Freundschaft wohlfühlt, befürchte ich ein Europa unter der Dominanz eines von Rußland und Ukra-ine geführten Staatenbundes oder einer Achse Moskau - Berlin. Bis dahin können allerdings noch Jahre vergehen.

In diesem Zusammenhang hatte ich Gelegenheit, dem ehemaligen Sicherheitsberater Carters und heutigen Professor für Geschichte an der Harvard Universität, Zbigniew Brzezinski, die Frage zu stellen, mit welcher Epoche in der Geschichte er die Entwicklung seit 1985 in Osteuropa vergleichen würde. Seine Antwort war spontan: "Mit der französischen Revolution von 1789". Ich antwortete: "Diese Revolution ist aber nicht 1792 zu Ende gewesen, und bevor sie ihre wirklichen Früchte trug, gab es ein napoleonisches Zwischenspiel. Müssen wir nicht jetzt in Europa eine ähnliche Entwicklung befürchten?" Brzezinski befürchtete keine Wiederholung dieses Teils der Geschichte. Hoffentlich behält er recht. Ich habe meine Zweifel. Vielleicht brauchen wir in nächster Zukunft eine starke politische Macht, um die Ausbreitung der islamischen Fundamentalisten über die inzwischen selbständig gewordenen sowjetisch/islamischen Republiken zu verhindern. Der Golfkrieg kann als Warnschuß eingestuft werden.

Vielleicht werden die 90er Jahre ja auch von der Völkerwanderung bestimmt, und zwar von Süden nach Norden und von Osten nach Westen. Ein wesentlicher Grund für diese Wanderung ist das Wohlstandsgefälle, das bereits in den letzten Jahren für ein Zunehmen der Migration gesorgt hat. In einer wirtschaftlichen Verlangsamung werden erfahrungsgemäß diese Wohlstandsunterschiede größer, der Wunsch nach Wanderung stärker und der Wille zur Abschottung politisch durchsetzbar. Im Sommer 1991 flüchteten 30.000 Albaner nach Italien, sie wurden unter Anwendung von Gewalt und List nach Albanien zurückgeschickt. Bei einer Völkerwanderung von einigen Millionen Sowjetbürgern während eines kalten Winters dürfte die italienische Methode nicht anwendbar sein.

Heftige Turbulenzen auf den Finanzmärkten werden unvermeidbar sein. Die "Risikoprämie" für europäische Währungen wird steigen, besonders wenn inzwischen der letzte amerikanische Soldat unser Territorium verlassen haben sollte. Zu Recht weist Altbundeskanzler Schmidt immer wieder auf die Notwendigkeit einer physischen Präsenz der amerikanischen Streitkräfte in Europa hin. Für den Anleger ergeben sich daraus folgende Konsequenzen: Die Hälfte des Wertpapiervermögens sollte außerhalb Europas angelegt sein, 35 bis 40 % in der Dollarzone. Die D-Mark und alle anderen europäischen Währungen könnten sich weiterhin gegen Dollar und Yen abschwächen. Das hohe Zinsniveau im D-Mark-Raum unterstreicht bereits die fundamentale Schwäche dieser Währung (Chart 14).

2. die 90er Jahre: Gefahr der Blockbildung

Im Mai 1991 war ich mit dem World Economic Forum von Davos in Washington. Senatoren, Abgeordnete und Regierungsmitglieder, deren Reden untereinander natürlich nicht abgestimmt waren, sprachen immer wieder von zwei Themen: "the new world order", der neuen Weltordnung, und der noch im Jahre 1991 zu realisierenden "North American Free Trade Zone". Ich habe mich bei all diesen Gesprächen eines Eindruckes nicht erwehren können: Die neue Weltordnung wird in Zukunft aus drei großen Wirtschaftsblöcken bestehen: der nordamerikanischen Freihandelszone (USA, Kanada und Mexiko) mit 360 Millionen Einwohnern, dem japanischen Wirtschaftsraum und Europa 1992, das in den kommenden Jahren große Veränderungen durch eine eventuelle Aufnahme von Österreich und osteuropäischen Ländern erfahren wird.

Wir leben zur Zeit in der dritten industriellen Revolution. Die Schlüsseltechnologien sind Informationstechnik, Biotechnik, Werkstofftechnik, Energietechnik und Raumfahrttechnik. Wer auch noch im Jahre 2000 einen hohen Lebensstandard halten möchte, muß in der Technologie an der Spitze stehen.

Im ersten Halbjahr 1991 sind die Spitzenprodukte der deutschen Automobilindustrie auf den US-Märkten eingebrochen. Im Vergleich zum Vorjahr fiel der Absatz von Mercedes, BMW, Audi, VW und Porsche um bis zu 50 %. Zwei andere europäische Automobilproduzenten haben das Handtuch geworfen und sich entschlossen, sich aus dem amerikanischen Markt zurückzuziehen. Es handelt sich um die Sterling Motor Cars aus England, eine Tochtergesellschaft des renommierten Automobilkonzerns Roover, und den französischen Konzern Peugeot. Bei Peugeot war der Mißerfolg des Flagschiffes seiner Flotte, des neuen 605, ausschlaggebend. Gegen die neuen Luxusmodelle von Nissan und Toyota, denen bald auch ein Modell von Mazda folgen wird, gab es nichts zu gewinnen. Einer Studie des MIT aus Boston zufolge können die Japaner aufgrund ihres qualitätsorientierten Produktionssystems besonders auch Automobile der Spitzenklasse erheblich billiger fertigen als deutsche Automobilproduzenten. Power and Associates in Amerika geben jedes Jahr eine Qualitätsliste heraus. Seit 1990 nimmt der von Toyota hergestellte Lexus den ersten Platz ein, gefolgt von Mercedes und Nissan. Die Automobile von BMW nehmen den 9. und 10. Platz ein. Für die deutsche Automobilindustrie dürfte es ein harter Schlag sein, nicht mehr an der Spitze der Qualitätsliste zu stehen. Demnächst wird es Europa auch mit den amerikanischen Luxusautomobilen zu tun bekommen. Ford hat für 2,5 Mrd. Dollar den britischen Hersteller der Nobelkarossen Jaguar aufgekauft und beabsichtigt, über eine Milliarde Dollar zur Modernisierung zu investieren. Auch General Motors ist zum Angriff übergegangen und hat 50 % der schwedischen Firma Saab erworben. "Wir können unsere Zukunft nicht sichern, indem wir bei den Gütern der zweiten industriellen Revolution stehen bleiben - es sei denn, wir wollen uns mit den Löhnen zufrieden geben, die in Mexiko und Korea gezahlt werden", so urteilt Konrad Seitz, Leiter des Planungsstabes im Auswärtigen Amt, in seinem neuesten Buch, "Die japanisch-amerikanische Herausforderung", das jeder deutsche Anleger lesen sollte.

Gerade die letzten beiden Jahre haben bewiesen, wie erfolgreich die deutsche Automobilindustrie ist; sie eilt von einer Rekordabsatzzahl zur anderen und sonnt sich in diesem Erfolg. Wir dürfen nicht vergessen, fast 80 % der deutschen Exporte gehen nach Europa, und die hervorragende deutsche Automobilkonjunktur 1990 und 1991 ist auch dem Umstand zu verdanken, daß über eine Million Autos nach Ostdeutschland geliefert wurden, nachdem wir dem ostdeutschen Konsumenten vorher die finanziellen Mittel zur Verfügung stellten.

Wir werden in den kommenden Jahren Straßen, Häuser, Eisenbahnen in Ostdeutschland und Osteuropa mit unserem Sparkapital finanzieren. Zur selben Zeit werden die Japaner und auch die Amerikaner ihr Kapital in erster Linie in Spitzentechnologie investieren. Am Ende dieses Jahrhunderts wird dann Bilanz gemacht.

In diesem Zusammenhang muß ein anderer Umstand zur Bewertung herangezogen werden. In der Rangliste der Urlaubstage und der Fehlzeiten stehen die Deutschen ganz oben (Chart 15), und daher glauben einige Europäer, die Japaner verdanken ihren großen industriellen Erfolg dem unlauteren Wettbewerb: Sie arbeiten sogar während der Arbeitszeit. Japan-Kenner und Japan-Experten lächeln über diesen statistischen Vergleich, da eine lange Anwesenheit im Betrieb nicht gleichbedeutend ist mit wirklicher Arbeitszeit. Diese Skepsis mag für Angestellte zutreffen, aber nicht für Arbeiter, die am Fließband auch in Japan hohe Taktzeiten erreichen. Ich weiß jedoch nicht, inwiefern diese Japan-Experten den Arbeitsrhythmus in deutschen Betrieben und Behörden untersucht haben. Wenn die Hochkonjunktur noch einige Jahre anhält, dürfte auch beim Krankenstand die deutsche Spitzenposition unangefochten bleiben. Nur eine kräftige Rezession könnte den Gesundheitszustand der deutschen Arbeitnehmer nachhaltig verbessern und den besonders freitags und montags grassierenden Abwesenheitsvirus bekämpfen.

Entweder wir lernen, uns dem internationalen Trend anzupassen, oder die Gefahr des Protektionismus wird wachsen, besonders in Europa. Die Ernennung von Edith Cresson zur Premierministerin ist aufschlußreich für die protektionistischen Wünsche der französichen Regierung. Aber nicht nur französische Politiker wünschen sich mehr Protektionismus, auch Industriemanager vom Schlage eines Jacques Calvet, Chef des größten französischen Automobilkonzerns Peugeot S.A. Er erklärte sich Mitte Juli 1991 bereit, seinen Job zu wechseln und in die Politik zu gehen, wenn es der französischen Regierung nicht gelingen sollte, die japanischen Importe zu drosseln. Er müßte doch wissen, Protektionismus jeder Art führt nur zu einer Verarmung. Ohne die japanische Konkurrenz in Europa hätten unsere Automobile nicht diese hohe Qualität, und wir müßten sie teurer bezahlen. Jacques Calvet könnte als Politiker eine Renaissance des Colbertismus aus dem 17. Jahrhundert, der besonderen Wert auf Importhemmung und Exportförderung legte, bewirken. Viel europäischer und marktwirtschaftlicher wäre die Haltung eines Jacques Calvet, würde er die französischen Politiker zur Förderung von Investitionen in die Spitzentechnologie zusammen mit anderen europäischen Nationen stimulieren.

Um es auf einen kurzen Nenner zu bringen: Die Öffnung der Märkte der Sowjetunion und Osteuropas und die Schaffung des europäischen Binnenmarktes ab 1. 1. 1993 gibt der europäischen Bewegung eine riesige Stimulanz. Sie kann der europäischen Wirtschaft für eine Jahrzehnt phantastische Wachstumsimpulse geben. Aber in den Spitzentechnologien laufen wir Gefahr, entscheidend zurückzufallen. Sie allein entscheiden über den Wohlstand im 21. Jahrhundert. Europa könnte neben dem pazifischen Raum und der nordamerikanischen Freihandelszone zu einer Art "technologischer Kolonie Japans und Amerikas" werden. Doch Konrad Seitz macht dazu viel prägnantere Aussagen.

Europa im 21. Jahrhundert nach Konrad Seitz

Für Europa zeichnet Konrad Seitz die Gefahr auf, im 21. Jahrhundert einem von Japan angeführten japanisch-amerikanischen Technologie-Duopol gegenüberzustehen. Europa wäre dann nur noch ein Triaden-Mitglied als Abnehmer, nicht aber als Produzent. Daraus resultieren fundamentale Probleme für Europa: Selbst wenn der lokale Fertigungsanteil z.B. japanischer Produkte in Europa - sog. "Transplants" - auf 60 oder gar 80 % steigt, finden die eigentlichen Schlüsseltätigkeiten wie Produktentwicklung, Fertigungstechnologien und oft auch Produktion der Schlüsselkomponenten weiterhin in den Mutterfirmen im Ursprungsland statt. Im Normalfall fertigt die ausländische Fabrik nur die ausgereiften Produkte, während die neuesten Erzeugnisse zunächst einmal in Amerika bzw. Japan hergestellt werden.

Dadurch bleibt der Motor, der die Wettbewerbsfähigkeit antreibt, in Übersee. Die europäischen Manager und Ingenieure können in der Regel in den "Transplants" nicht jene Kenntnisse und Erfahrungen erwerben, die nötig sind, um an der vordersten Front der Technologie zu arbeiten. Allein auf "Transplants" gestützt, würde Europa kein gleichwertiges Triaden-Mitglied bleiben können. "Transplants" erfüllen zwar eine wichtige Rolle, wenn sie als "Stachel im Fleisch" die europäischen Unternehmen zu höchster Leistung zwingen. Aber wenn sie in der Breite der Spitzentechnologien europäische Unternehmen verdrängen, ist Europas Position als Technologiezentrum gefährdet.

Aus der Analyse der auf Verdrängungswettbewerb und Weltmarktdominanz ausgerichteten japanischen Außenwirtschaftsstrategie folgert Seitz, daß es in den kommden Jahren um einen Konflikt USA/Japan und insbesondere auch um einen Konflikt Europa/Japan gehen wird.
Die Antwort der USA auf die japanische Heraus-

forderung ist zunächst eine offener als bisher geführte industriepolitische Diskussion, die in Wirklichkeit bereits in eine massive Industriepolitik mündete, wenn sie auch nicht offen beim Namen genannt wird. Dabei können sich die USA auf ihre grundlegende Stärke und Erneuerungskraft stützen. Interessant ist die wenig bekannte Tatsache, daß US-Unternehmen im Jahr 1987 als Folge von "Altin-vestitionen" in Japan dort mehr Beschäftigte hat-ten als umgekehrt japanische Unternehmen in den USA. Insofern sind die Beziehungen Japans zu den USA von ganz anderer Qualität als zu Europa, das bis auf die Großchemie nur marginal in Japan vertreten ist.

Wer glaubt, Konrad Seitz übertreibt, der möge die im Juni 1991 veröffentlichte Studie, die für den amerikanischen Central Intelligence Agency (CIA) hergestellt wurde, lesen. Dieser Bericht warnt, Japan sei eine Gesellschaft ohne Moral, die die Welt durch ihre wirtschaftliche Stärke beherrschen werde, es sei denn, der Westen kann über eine kräftige Mobilisierung dieser Herausforderung begegnen. Sollte das japanische Wertesystem siegen, so könnte es sehr wohl die westlichen Wertvorstellungen verdrängen und bis Mitte des 21. Jahrhunderts die wirtschaftliche Sicherheit der USA und Europas unterminieren.

In dem Bericht wird auch auf die Möglichkeit einer japanisch-sowjetischen Allianz hingewiesen, eine Art Schutz gegen mögliche amerikanische Gegenmaßnahmen. Nur wenn es den Amerikanern gelingt, das Haushaltsdefizit unter Kontrolle zu bringen, können sie auf japanisches Kapital verzichten und damit Handlungsfreiheit zurückgewinnen. Nicht ohne Hintergedanken hat der amerikanische Notenbankchef Alan Greenspan kürzlich erklärt, im Jahr 1994 sei das amerikanische Haushaltsdefizit beseitigt.

Die Studie weist auch darauf hin, daß der Westen die japanische Kultur nicht zu verstehen vermag und die Japaner in der Lage sind, über ihr Nationalbewußtsein die Nachteile nicht vorhandener Rohstoffe und mangelnden Agrarlandes zu kompensieren.

Kehrseite der Medaille - japanischer Finanzzynismus

Aus dem Gesagten darf der Anleger nicht den Schluß ziehen, er müsse jetzt sein Portefeuille nur aus japanischen Aktien zusammenstellen. Ich erinnere mich, Ende der 60er Jahre in der Banque Lambert eine belgische Kundin empfangen zu haben, die ihr Vermögen der Bank zur Verwaltung anvertraute. Ich fragte sie, ob sie uns völlig freie Hand lassen oder einige Einschränkungen machen wolle. Natürlich hätten wir freie Hand, antwortete sie, aber sie wünsche keine deutschen Aktien, da sie für dieses Volk keine Sympathien habe. Außerdem hielte sie nichts von französischen oder italienischen Aktien, da diese Völker die Arbeit scheuten. Von den Amerikanern hielte sie auch nichts, da sie keine Kultur besäßen. Letzten Endes bestand sie darauf, nur japanische Aktien in ihr

Portefeuille aufzunehmen. Die Japaner seien das einzige kultivierte Volk auf der Erde, das noch zu arbeiten verstünde. Wir stellten daraufhin ein Portefeuille zusammen, das nur aus japanischen Aktien und Obligationen bestand. Das war in den 70er Jahren die mit Abstand beste Anlage, da die japanische Wirtschaft die Ölkrise am besten meisterte.

Dies zeigt in aller Deutlichkeit, wie einfache Gedanken an der Börse zum Erfolg führen können. Nur irgendwann geht auch einmal der schönste Trend zu Ende, und die Entwicklung seit 1990 ist ein Beweis dafür. Anfang 1990 erreichte der japanische Aktienindex Nikkei 39.000 Punkte. Die Aussichten für die japanische Wirtschaft und Gesellschaft waren zu diesem Zeitpunkt glänzend. Die größte Investmentbank Nomura empfahl im Januar 1990 wie alle anderen großen Häuser, japanische Aktien zu kaufen, und sah für Ende 1990 einen Index von 48 - 50.000 voraus. Sie hatten sich in den vergangenen Jahren daran gewöhnt, mit ihren Voraussagen recht zu behalten, aber ich muß gestehen, schon seit einiger Zeit keine japanischen Aktien mehr in meinem Portefeuille zu haben. Die Gründe waren recht einfach. Alles hat seinen Preis, auch eine Aktie, und die durchschnittliche Kurs/Gewinnziffer des japanischen Marktes betrug 80. Für viele japanische Aktien mußte man sogar mehr als den 100fachen Jahresgewinn des Unternehmens auf den Tisch legen.

Anfang 1987 hatte die größte japanische Aktie NTT (Nippon Telegraph and Telephone Corporation) einen Börsenwert von 370 Milliarden Dollar, das waren 70 % mehr als die Börsenbewertung aller deutschen Aktien zusammen. Aber auch amerikanische Aktiengesellschaften verblassen vor solchen Größenordnungen: Die Börsenkapitalisierung von NTT war vier Mal so groß wie die von IBM. Die größte Aktienbörse der Welt war zu dieser Zeit Kabuto Cho und nicht mehr Wall Street. Im Sommer 1991 hat sich die Lage etwas normalisiert, und Wall Street führt die Rangliste mit gutem Abstand wieder an (Chart 16). NTT ist zwar immer noch die größte Aktiengesellschaft der Welt, ihre Börsenkapitalisierung beträgt aber nicht mehr 370 Milliarden Dollar, sondern knapp über 100 Milliarden.

Auch die größten Versicherungsgesellschaften sind heute in Japan zu finden. Im Frühjahr 1986 besuchte ich japanische Versicherungsgesellschaften, um ihnen Anlagemöglichkeiten in Belgien zu unterbreiten. Ein Direktor einer dieser Gesellschaften erkundigte sich nach der Börsenkapitalisierung aller belgischen Aktien. Als ich ihm die Zahl von rund 20 Milliarden Dollar nannte, nickte er zufrieden und sagte, die könne er zur Streuung seines Portefeuilles durchaus gebrauchen.

Bei aller Tüchtigkeit der Japaner war die Börsenbewertung in den vergangenen Jahren einfach zu hoch, und meine stereotype Antwort auf die Frage, warum ich keine japanischen Aktien empfehle, war, sie seien mir zu teuer, und der Markt erscheine mir manipuliert. Das amerikanische Wirtschaftsmagazin "Forbes" schrieb in diesem Zusammenhang im Mai 1987: “Der japanische Aktienmarkt ist keine fernöstliche Version der New Yorker Börse, wo in der Hauptsache, wenn auch nicht ausschließlich, Dinge wie Gewinne, Dividenden, Buchwerte und Zinssätze zählen. Tokio ist eher die US-Börse vor sechzig Jahren, als Kursmanipulationen aller Art an der Tagesordnung waren.”

Japanische Broker: Meister der Manipulation

Im Juli 1991 stand der Nikkei Index bei 23.000, d.h., rund 40 % tiefer als bei seinem Höchststand Anfang 1990 und auf demselben Niveau wie nach dem Krach vom Oktober 1987 (Chart 17). Inzwischen ist bekannt geworden, was viele vermutet hatten: Der japanische Markt wurde tatsächlich von den vier großen Brokerhäusern manipuliert. Alle vier Unternehmen hatten über 500 Millionen Dollar unzulässige Verlusterstattungen an Großkunden geleistet. Japanische Großkunden hatten also die Möglichkeit, risikolos Aktien zu kaufen. Etwaige Verluste wurden ausgeglichen. Die Dummen sind dabei der ausländische Aktionär und der japanische Kleinanleger. Doppelt bestraft werden Anteilseigner dieser Brokerhäuser, denn die Verlusterstattungen schmälern den Gewinn und sind verantwortlich für den Rückgang der Kurse an der gesamten japanischen Börse. Aufgedeckt wurde der Skandal, weil die Wertpapierhäuser die Zahlungen von ihren steuerpflichtigen Gewinnen abzusetzen versuchten. Die Präsidenten von Nomura und Nikko Securities traten zurück.

Ich habe großen Respekt vor der Leistung der japanischen Industrie und finde es normal, wenn sie mit ihrem Kapital Wolkenkratzer in New York oder Filmkonzerne in Hollywood kaufen, ich verabscheue aber den japanischen Finanzzynismus. Bei der Beurteilung des japanischen Marktes haben bis Januar 1990 die klassischen finanzanalytischen Instrumente versagt. Heute wissen wir, warum. Aber auch im Immobiliensektor haben die Japaner ihre Manipulierungskünste bewiesen. So mußte im letzten Jahr für einen Quadratmeter Grund und Boden eine Million Dollar bezahlt werden. Und die Japaner exportierten diesen Zynismus. Sie waren die größten Käufer auf dem Kunstmarkt, und Summen zwischen 40 und 80 Millionen Dollar für einen Van Gogh oder Rembrandt sollten der westlichen Welt die Finanzstärke Japans demonstrieren. 80 Millionen Dollar für ein Gemälde eines alten Meisters bei einem langfristigen Kapitalmarktzins von 9 % bedeutet, das Aufhängen und Betrachten eines solchen Bildes kostet jedes Jahr rund 10 Millionen D-Mark. Selbst ein flüchtiger Blick auf das Kunstwerk kostet somit mehrere Tausend Mark.

Glücklicherweise hat Japan seit 1990 einen neuen Notenbankgouverneur, der entschlossen und mit gutem Erfolg gegen diese Finanzblase vorgeht. Aber die Geschichte ist noch nicht zu Ende, und bei der Zurückführung dieses aufgeblähten Finanzapparates kann es zu "Unfällen" kommen, die ihrerseits weltweite Konsequenzen haben können. Sollte eine große japanische Versicherungsgesellschaft oder Bank in Schwierigkeiten geraten, könnte dies durchaus der Auslöser einer Weltfinanzkrise sein, denn die Japaner sind inzwischen zur größten Kapitalmacht der Welt aufgerückt. Ihre Auslandsguthaben betragen mehr als 300 Mrd. Dollar. Falls japanische Unternehmen durch weitere Kursbaissen an der Börse und Preisrückgänge auf dem Immobilienmarkt in Not geraten sollten, würden sie nicht zögern, einen Teil ihrer Auslandsanlagen zu liquidieren. Kurseinbrüche in Amerika und Europa wären die Folge. Vergessen wir nicht den Schwarzen Montag vom Oktober 1987. Ein Auslöser des Kurssturzes in New York war der Verkauf einer riesigen Menge von Regierungsanleihen durch institutionelle japanische Anleger. Als am darauffolgenden Dienstag auch der japanische Aktienmarkt einknickte, steuerte das japanische Finanzministerium mit einigen Telefonanrufen bei den vier großen Brokerhäusern dagegen. Wer erinnert sich noch an die ganzseitigen Anzeigen von Nomura im Wall Street Journal, in denen die Kursrückgänge gegenüber den Höchstkursen von 1987 an den drei Börsen Tokio (- 17,8 %), New York (- 32,1 %) und London (- 36,1 %) verglichen wurden: Der zynische Kommentar von Nomura: ***"Als der Börsenkrach kam, da waren nicht alle Märkte gleich geschaffen."*** In der Anzeige war jedoch keine Rede vom manipulierten japanischen Markt.

Heute wird Japan von einer nicht abreißenden Zahl von Skandalen erschüttert. Vor zwei Jahren war es noch der Recruit-Bestechungsfall, der das Kabinett Takeshita stürzte. Heute sind es die Broker und Banken, die das Ansehen des Landes schädigen.

Die 70er Jahre waren die schwersten Jahre nach dem Krieg, und Japan meisterte die Öl- und Finanzkrise am besten. Am Ende der Dekade hatten sich japanische Aktien mehr als verdoppelt (Chart 17), und der Yen war ebenso stark wie die D-Mark (Chart 18). Ich bin überzeugt, Japan wird auch die jetzige Krise überwinden und gestärkt aus ihr hervorgehen. In einem internationalen Portefeuille sollten daher japanische Aktien und Anleihen mit mindestens 15 % gewichtet sein. Die Frage des Zeitpunktes ist für den Erfolg sehr wichtig. Ich würde empfehlen, japanische Anleihen bereits jetzt zu kaufen und bei Aktien noch zu warten, da die Finanzblase noch nicht geplatzt ist.

Nachdem ich 35 bis 40 % der Anlagen im Dollarraum empfohlen habe und jetzt 15 bis 20 % in Yen, bleiben für Europa weniger als 50 % übrig.

3. Kapitalmangel - Öffnung nach Osten und Wiedervereinigung

Im Jahre 1983 schrieb der amerikanische Journalist Bruce Nussbaum ein provozierendes Buch, das 1984 unter dem deutschen Titel "Das Ende unserer Zukunft" herauskam. Es verkaufte sich so gut, daß 1987 eine Taschenbuchausgabe nachgeliefert wurde. Im dritten Kapitel schrieb der Autor, Senior Writer des amerikanischen Wirtschaftsmagazins "Business Week", unter der Überschrift "Der Niedergang der Bundesrepublik und die Auslösung Europas": "Nun ist das Wirtschaftswunder vorbei. Die Deutschen stehen, ohne Vision und Ziel, auf der Weltbühne abseits und kehren zum alten romantischen Begriff des "Volkes" zurück."

Der französische Schriftsteller Jean-François Revel schrieb mehrere Bestseller. Einer hieß "Comment les démocraties finissent" und wurde 1985 auch in einer deutschen Fassung ("So enden die Demokratien") gedruckt. Der Autor glaubte, "die Demokratie ist in der Geschichte nur ein Zwischenspiel gewesen, eine kurze Einfügung in Klammern, die sich vor unseren Augen schließen", und war von der weltweiten Expansion des Kommunismus überzeugt.

Auch in Deutschland rechnete niemand mit dem rapiden Zusammenbruch des kommunistischen Systems und dem Ende des DDR-Regimes. Noch im Jahre 1986 brachte Theo Sommer, Chefredakteur der "Zeit", das Buch "Reise ins andere Deutschland"über die DDR heraus, in dem er über den wachsenden Wohlstand und die immer sichtbarer werdende Zufriedenheit der Bevölkerung mit dem System berichtete: "Es ist drüben ja in der Tat ein soziales System entstanden, das unseres in mancher Hinsicht in den Schatten stellt." Um dann in dem Satz zu gipfeln: "Die Bürger des anderen deutschen Staates bringen Erich Honecker fast so etwas wie stille Verehrung entgegen."

Aber dann kam alles schnell ganz anders. Nachdem Walesas Solidarnosc und Gorbatschows Perestroika den Weg bereitet hatten, riß am 9. November 1989 das ostdeutsche Volk die Berliner Mauer nieder, ein Ereignis von geschichtlicher Dimension. Ein wunderbarer Tag für mich, der ich 28 Jahre zuvor die Ohnmacht des Westens vor dem Mauerbau als Student an der Freien Universität in Berlin direkt miterlebt hatte. Die westlichen Politiker waren auf dieses Ereignis ebensowenig vorbereitet wie damals auf die Errichtung der Berliner Mauer am 13. August 1961.

Der Kapitalmarkt allerdings reagierte schnell. Bereits am nächsten Tag stiegen die Zinsen weltweit (Chart 19). Die Anleger hatten sofort begriffen, das Ende des kommunistischen Systems und die Umwandlung in eine Marktwirtschaft werde gigantische Summen verschlingen. Diese zusätzliche Kapitalnachfrage traf die westliche Welt in einer Zeit sinkender Sparquoten. Die Zinsen für langfristiges Kapital stiegen in der Bundesrepublik von etwas über 7 % auf über 9 % und in Japan von 5,5 % auf 8,75 %.

Kommt es zu einer neuen Finanzkrise?

Der Beginn der schwersten internationalen Finanz- und Bankenkrise dieses Jahrhunderts wird von Historikern allgemein auf den 13. Juli 1931 festgesetzt. Damals wurde die “Danat Bank”, die Darmstädter und Nationalbank, insolvent. In Wirklichkeit begann die Bankenkrise am Rhein, genauer gesagt in Köln. Die Stadt Köln war im In- und Ausland schwer verschuldet und hatte Infrastrukturinvestitionen, unter anderem den Ausbau des Hafens und des Grüngürtels um Köln, mit kurzfristigen Krediten finanziert. Als dann die Stadt Köln nicht mehr in der Lage war, den Schuldendienst zu leisten, gerieten die Sparkasse und die damalige Girozentrale in Zahlungsnot. Auch die Hilfe der Reichsbank in letzter Sekunde kam zu spät. Am 11. Juli 1931 mußte die Landesbank der Rheinprovinz ihre Zahlungen einstellen. Oberbürgermeister der Stadt Köln war damals Konrad Adenauer. Die Geschichte lehrt uns, daß diese Finanzkrise einen Politiker wie Konrad Adenauer nicht daran hindern konnte, zum großen Kanzler der Bundesrepublik aufzusteigen und damit einen festen Platz in der Geschichte einzunehmen. Als der renommierte Wirtschaftspulizist Volkmar Muthesius anläßlich der Feier zum 65. Geburtstag Ludwid Erhards Bundeskanzler Adenauer an diese Ereignisse erinnerte, antwortete dieser: "Mein Lieber, das ist nun schon so lange her, daß es gar nicht mehr wahr ist."

Die Finanzierung der Vereinigung der beiden deutschen Staaten könnte ebenfalls eine internationale Finanzkrise mit schwerwiegenden Folgen für die Weltwirtschaft auslösen. Auch diese Krise wird gemeistert und den heutigen Bundeskanzler Kohl nicht daran hindern,einen festen Platz in der Geschichte Europas und der Bundesrepublik einzunehmen. Sollte ihn in 20 oder 30 Jahren jemand auf die von ihm ausgelöste Finanzkrise ansprechen, kann er gelassen auf das Zitat Adenauers zurückgreifen, als dessen Enkel er sich gerne ausgibt.

Das Primat der Politik

Es war zweifelsohne eine mutige und richtige Entscheidung von Bundeskanzler Kohl, die Wiedervereinigung möglichst rasch niet- und nagelfest zu machen. Es war aber falsch, dabei jeden ökonomischen Sachverstand außer acht zu lassen. Am 13. Februar 1990 kündigte Helmut Kohl die Wirtschafts- und Währungsunion mit der DDR an, ohne die Ratschläge der Bundesbank zu berücksichtigen. Am Tage zuvor gab es in Bonn ein denkwürdiges Zusammentreffen zwischen Bundeskanzler Helmut Kohl, Finanzminister Theo Waigel und Bundesbankpräsident Karl Otto Pöhl. Der Kanzler hatte seine Entscheidung bereits getroffen, ihn interessierten die Argumente der Bundesbank nur, soweit sie seiner Linie entsprachen. Als Bundesbankchef Pöhl am nächsten Tag zur Staatsbank der ehemaligen DDR fuhr, um einen Stufenplan für die wirtschaftliche und monetäre Integration vorzulegen, konnte er dies nicht wissen. Bei der gemeinsamen Presse-konferenz legte er mit seinem Kollegen Kaminski die Übereinstimmung über diesen Stufenplan dar und wurde von der öffentlichen Erklärung des Bundeskanzlers und des Finanzministers über die Einführung der Währungsunion im Verhältnis von 1 : 1 zum 1. Juli 1990 überrascht. Eine größere Demütigung der Bundesbank hat es seit ihrer Gründung nicht gegeben. Es war gleichzeitig ein Angriff auf die Unabhängigkeit dieser Institution. (Zwei Währungsreformen und die Zerstörung der Demokratie hatten die “Väter” der Bundesbank veranlaßt, diese Institution so zu konstruieren, daß ihre Unabhängigkeit von den politischen Organen gewährleistet ist. Wenn es um Macht geht, scheinen Politiker ein schlechtes Gedächtnis zu haben.) Als Bundesbankpräsident Karl Otto Pöhl rund ein Jahr danach auf einer Pressekonferenz in Brüssel wahrheitsgemäß sagte: "...die unvorbereitete und zu falschen Umtauschkursen durchgeführte deutsche Währungsunion ist eine Katastrophe", kündigte er damit auch vorzeitig seinen Rücktritt an. Die Kapitalanleger haben sich allerdings nicht getäuscht. Die D-Mark gehört seit Beginn 1991 zu den schwächsten Währungen im Konzert der großen internationalen Währungen, und inzwischen hat auch eine gewisse Kapitalabwanderung aus Deutschland eingesetzt. Der Nachfolger Pöhls, Helmut Schlesinger, wird den Kapitalanlegern beweisen müssen, ob er gegen die Bonner Regierung eine glaubhafte Stabilitätspolitik durchsetzen kann.

Unter den führenden Währungen wirft die D-Mark die höchste Rendite ab (Chart 19). Derzeit kann die deutsche Volkswirtschaft dieses hohe Zinsniveau noch verkraften. Sollten aber weitere Zinserhöhungen notwendig sein, um einen zusätzlichen Wertverlust der D-Mark zu verhindern, kann es zu einer internationalen Finanzkrise kommen. Einige europäische Volkswirtschaften (England, Frankreich, Italien) sind bereits in der Rezession. Sie können wirtschaftlich eine Erhöhung des Zinsniveaus nicht mehr verkraften. Da wir aber gleichzeitig ein Europäisches Währungssystem haben, in dem die Währungen untereinander in festen Austauschverhältnissen stehen, müssen die Notenbanken die Zinspolitik der Bundesbank nachvollziehen. Es wird zu einem politischen Konflikt kommen. Entweder halten wir am Europäischen Währungssystem fest und akzeptieren eine schwere Rezession in ganz Europa mit dem Risiko politischer Unruhen, oder das EWS löst sich auf wie 1971 das System fester Wechselkurse von Bretton Woods. Schuld an dieser Situation ist die geradezu unverantwortliche Bonner Haushaltspolitik. Lag 1989 das Defizit der öffentlichen Hand bei knapp 30 Milliarden D-Mark, so stieg es 1990 auf 110 Milliarden und dürfte 1991 und in den folgenden Jahren bei 170 bis 190 Milliarden liegen.

Die Bundesrepublik brauchte 42 Jahre, bis sie 1990 eine öffentliche Verschuldung von tausend Milliarden D-Mark erreicht hatte, für die nächsten tausend Milliarden wird sie nur noch vier Jahre benötigen.

Die "Steuerlüge"

Im Herbst 1990 nahm ich an einer Talkshow ("Talk im Turm") von SAT 1 zusammen mit Prof. Schiller und dem Ministerpräsidenten von Mecklenburg - Vorpommern Gomolka teil. Als Professor Karl Schiller meiner Vorhersage kräftiger Steuererhöhungen für 1991 in der Bundesrepublik energisch widersprach und erklärte, die Wiedervereinigung lasse sich aus Wachstum und Subventionsabbau finanzieren und bedürfe keiner Steuererhöhung, bekam er spon-tanen Beifall von den anwesenden Zuschauern. Als die Sendung zu Ende war und die Scheinwerfer erloschen und die Mikrophone abgeschaltet waren, kam Ministerpräsident Gomolka spontan auf mich zu und sagte: "Leider, haben sie Recht, aber Sie werden Verständnis haben, daß wir Politiker den Menschen im Osten Mut machen müssen." Der Sozialdemokrat Professor Schiller lag mit seiner Aussage auf derselben Linie wie der amtierende Finanzminister Waigel und Bundeskanzler Kohl, der am 15.11.1990 wiederholte: ***"Wenn ich dem Bürger jetzt vor der Wahl sage: Wir machen keine Steuererhöhung im Zusammenhang mit der deutschen Einheit, dann machen wir keine."*** Im Juli 1991 erfolgte die größte Steuererhöhung in der Geschichte der Bundesrepublik. Als jemand, der eine Steuererhöhung voraussah und dies nicht nur auf der damaligen Talkshow, vermute ich, der Kanzler,derFinanzminister und andere Regierungsmitglieder wie Graf Lambsdorff haben nicht gelogen, sondern schlicht und einfach die Lage falsch eingeschätzt. Daraus ergibt sich leider die Wahrscheinlichkeit weiterer Fehleinschätzungen und Steuererhöhungen.

Es wäre falsch, allein die Politiker für diese Fehleinschätzungen verantwortlich zu machen. In der allgemeinen Euphorie haben auch die Volkswirte der Großbanken dazu beigetragen, und es ist den Politikern nicht zu verübeln, den Sirenenklängen gelauscht zu haben. Die Schätzungen gingen von Defiziten zwischen 30, 40 und 70 Milliarden D-Mark für die Jahre 1991 bis 1994 aus, und allgemein wurde die Meinung vertreten, dies könne allein durch den Abbau von Subventionen finanziert werden. Auch heute sind solche Illusionisten noch nicht verstummt. Auf die Frage, ob sich Deutschland mit den Kosten der Einheit nicht übernommen habe, antwortete in der “Wirtschaftswoche” der belgische Unternehmer André Leysen, der als einziger Nicht-Deutscher im Kontrollorgan der Treuhandanstalt sitzt: “Ich meine nicht, daß sich Deutschland übernommen hat, zumindest nicht in den Staatsfinanzen. Transferzahlungen in den Osten kann sich das alte Westdeutschland durchaus einige Jahre leisten.” Das sind Schalmeienklänge in den Ohren der Regierung von einem Mann, der aus einem Land kommt, das die höchste Staatsverschuldung aller Industrieländer hat (115 % des Bruttosozialproduktes) und in Antwerpen lebt, einer Stadt, die finanziell praktisch pleite ist. Man kann sich beim Schuldenmachen natürlich auch von solchen Leuten beraten lassen.

Heute läßt sich in etwa abschätzen, wie hoch der Kapitalbedarf sein wird, um den ostdeutschen Wirtschaftszug wieder aufs Gleis zu setzen und in Fahrt zu bringen. Allein aus diesem Kapitalbedarf kann man für die nächsten Jahre einen hohen realen Zins ableiten. Die Bundesrepublik war bisher nach Japan das größte Kapitalexportland und wird nun für ein bis drei Jahre Kapitalimportland werden. Länder wie Spanien, Portugal, Italien werden darunter leiden. In rund 10 Jahren dürfte Deutschland gefestigt sein. Sein Bruttosozialprodukt dürfte dann doppelt so hoch sein wie das des nächststärksten EG-Landes, Frankreich. Wahrscheinlich wird Berlin die heimliche Hauptstadt Europas werden, Knotenpunkt zwischen Ost und West. Die größte Gefahr kommt aus dem Verfall des sowjetischen Reiches. Wenn man den

Kapitalbedarf der Restrukturierung des relativ kleinen Ostdeutschlands mit seinen 17 Millionen Einwohnern vorsichtig auf 1.400 Milliarden D-Mark schätzt, läßt sich nur erahnen, wie groß der Kapitalbedarf für einen Wirtschaftsraum von 250 Millionen Einwohnern sein muß (20.000 Milliarden D-Mark). Im Falle eines Scheiterns der sowjetischen Reformbemühungen ist mit einer Völkerwanderung zu rechnen, deren Ausmaße heute nicht abzuschätzen sind. Karl Marx hat bekanntlich den Niedergang des Kapitalismus prophezeit. Er könnte recht behalten, wenn der Konkurs des sowjetischen Systems die westliche Marktwirtschaft mit in den Abgrund reißt. Eine solcher Konkurs ist denkbar, wenn unbedachte Kredite in großem Stil an die sowjetischen Republiken vergeben werden. Das Kapital für den Aufbau eines lebensfähigen Systems, müssen sich die Volkswirtschaften der Republiken selbst erwirtschaften. Der Westen kann nur Hilfestellung leisten und versuchen, sein "Know-how" zu vermitteln.

Eine weitere Folgeerscheinung könnte eine politische Verschiebung in Europa von Mitte rechts nach Mitte links sein, da die zu erwartenden wirtschaftlichen Schwierigkeiten zu mehr Staatsinterventionismus und höheren Steuern führen.

Die Prognose für einen extrem hohen Kapitalbedarf im D-Mark-Raum ist nicht schwierig zu stellen. Daraus ergibt sich ein hoher realer Zins für die nächsten Jahre, und der Kapitalanleger ist gut beraten, dies in Rechnung zu stellen. Die Bundesbank in Frankfurt wird eine Finanzierung über die Notenpresse nicht zulassen. Sie wird die Politik der Verteidigung der Geldwertstabilität fortführen, und sollten die Sozialpartner und die Regierung sich auf diese Haltung nicht einstellen, dann wird eine schwere Rezession unvermeidbar. Der Anleger sollte D-Mark Anleihen kaufen und am Aktienmarkt vorerst Abstinenz üben. Zwischenzeitliche Kursanstiege bei deutschen Aktien sind möglich, jedoch eine Wertsteigerung von über 9 % pro Jahr erscheint für die nächsten Jahre unwahrscheinlich, ein Prozentsatz, den er in D-Mark Anleihen sicher erhält.

4. IWS = Internationaler Währungsskandal

Vor 20 Jahren, am 15. August 1971, überraschte der damalige amerikanische Präsident Richard Nixon die internationale Finanzwelt durch die "Schließung des Goldfensters". Der US-Dollar war nicht mehr in festgesetzte Goldparitäten konvertibel. Damit war das Systems fester Wechselkurse von Bretton Woods aus dem Jahre 1944 praktisch zu Ende. Offiziell wurde es erst im März 1973 zu Grabe getragen. Seither gibt es kein Weltwährungssystem mehr sondern einen Weltwährungsskandal. Eine Währungskrise folgt der anderen, und wir versuchen mit Krisenmanagement die Situation zu meistern. Wir erdulden die Umkehr des Weltwährungssystems in das "größte Spielkasino der Welt" und haben uns schon fast daran gewöhnt. Manchmal ist uns der Dollar zu tief wie 1980 (1,80 DM), 1984/85 ist er uns zu hoch (3,50 DM), 1987 zu tief (1,60 DM), und im Juli 1991 scheint er uns zu gefallen (Chart 20). Nixons damaliger Finanzminister beschrieb diesen Zustand mit den Worten: "The dollar is our currency but your problem" - "Der Dollar ist unsere Währung aber euer Problem". Obwohl das Gewicht der amerikanischen Wirtschaft in der Weltwirtschaft auf 32 % und das Gewicht der amerikanischen Börse im Verhältnis zur Weltbörsenkapitalisierung auf 37 % zurückgegangen ist, repräsentiert der US-Dollar immer noch 70 % der von den Notenbanken gehaltenen Währungsreserven. Der Wert des amerikanischen Dollars wird aber nicht mehr von den Notenbanken oder von der Kaufkraftparität bestimmt, sondern von den Spekulanten an den Devisenmärkten. Mit Hilfe der Banken und Broker funktioniert ein Tag und Nacht geöffnetes Spielkasino, in dem zwischen 500 und 1.000 Milliarden Dollar in 24 Stunden umgesetzt werden. Alle Finanzminister der Welt gewähren solchen Devisengeschäften Steuerfreiheit und erleichtern somit den Umsatz im "Kasino". Wenn Aktionäre einen Teil ihres Sparkapitals einer Aktiengesellschaft zur Verfügung stellen und damit volkswirtschaftlich einen wertvollen Beitrag zum allgemeinen Wohlstand leisten, kassiert der Staat. Wenn ein Devisenspekulant mehrere Milliarden D-Mark einsetzt, um seinen Spieltrieb zu befriedigen und einen Beitrag zur Instabilität der Weltwirtschaft leistet, darf er dies steuerfrei tun. Nur etwa 3 bis 6 % dieses riesigen Devisenumsatzes stehen noch mit realem internationalem Waren- und Dienstleistungsaustausch in Zusammenhang, der Rest ist pure Spekulation und Kapitalbewegung. Der jetzige amerikanische Städte- und Wohnungsbauminister und Präsidentschaftskandidat 1988, Jack Kemp, ist einer der wenigen Politiker, der die Gefahr erkannt hat und schon seit vielen Jahren für ein neues Bretton Woods System fester Währungskurse plädiert, nach dem Motto: ***“Wir brauchen keinen schwachen Dollar, wir brauchen keinen starken Dollar, wir brauchen einen stabilen Dollar”.***

In Europa haben 1979 der damalige französische Staatspräsident Giscard d’Estaing und der deutsche Bundeskanzler Helmut Schmidt einen Teil der Kempschen Ideen realisiert: Sie schufen das Europäische Währungssystem. Die Notenbanken, besonders die Deutsche Bundesbank, waren damals gegen dieses System, haben inzwischen jedoch seine Vorteile erkannt und unterstützen es durch ihre Politik. Die Währungsveränderungen innerhalb dieses Systems sind selten geworden und von geringem Ausmaß. Das System hat ohne jeden Zweifel zur Stabilität in Europa beigetragen und die europäische Wirtschafts-, Fiskal- und Geldpolitik mehr und mehr angeglichen. Warum sollte ein ähnliches System zwischen USA, Japan und der EWS-Zone nicht auch funktionsfähig sein? Das Bretton Woods System funktionierte 25 Jahre lang hervorragend und bescherte den westlichen Industrienationen einen ungekannten Wohlstandszuwachs. Es scheiterte, weil die Vereinigten Staaten im kostspieligen Vietnamkrieg verstrickt und nicht bereit waren, sich den Systemregeln und -zwängen zu beugen. Sie versuchten egoistisch die Freiheitsräume des Systems auszunutzen und die Kosten des Krieges auf die anderen Mitgliedsländer abzuwälzen.

Die nächste Währungskrise kommt bestimmt

Sie kann durch einen spektakulären Zusammenbruch des sowjetischen Reichs (Perestroika endet in Katastroika), einer Revolution in China, einer Völkerwanderung von Ost nach West ausgelöst werden. Derartige Ereignisse könnten den Wert des Dollars weit über das Niveau der Kaufkraftparitäten hinaus (2,40 DM) treiben. Dabei muß der Dollar nicht auf 3,00 DM oder 3,50 steigen, um eine Krise auszulösen. Bereits die Gefahr eines solchen Anstiegs würde genügen, denn die Deutsche Bundesbank im Konzert mit anderen Notenbanken sähe sich gezwungen, die Zinsen weiter anzuheben. Dies würde bereits vorhandene Rezessionstendenzen beschleunigen und so die Turbulenzen auslösen.

Auch ein erneuter Schwächeanfall des amerikanischen Dollars ist denkbar. Sollte sich die amerikanische Wirtschaft nicht erholen, sondern in eine Depression verfallen, wäre ein rapider Zinseinbruch bei den langfristigen Anleihen die Folge. Auch hier genügen die Erwartungsängste der Spekulanten, um den Dollar absacken zu lassen.

Die Gefahr eines starken Dollars erscheint jedoch größer. Im November 1987 sagte ich in einer im Schweizer Fortuna Finanz-Verlag erschienenen Studie ***"Vorhersehbare Überraschungen 1988-89"*** einen amerikanischen Handelsbilanzüberschuß für 1991/92 voraus. Es sieht so aus, als würde sich diese Prognose bewahrheiten. Die amerikanische Wirtschaft fiel im Juli 1990 in eine Rezession, die seit März 1991 eine Pause macht. Ich bin überzeugt, spätestens im Herbst 1991 wird die amerikanische Wirtschaft wieder in eine Rezession einmünden. Das Ergebnis der vergangenen Rezession ist ein starker Rückgang der Importe bei gleichzeitigem Anstieg der Exporte, da der Dollar von der Kaufkraftparität her gegenüber der DM um rund 25 bis 30 % unterbewertet ist. Das amerikanische Leistungsbilanzdefizit wird sich in einen Überschuß verwandeln (Chart 21) und so für eine weltweite Dollarknappheit sorgen, denn die westliche Welt braucht US-Dollar. Allein auf dem Euromarkt stieg die Verschuldung in amerikanischen Dollar auf 3.000 Milliarden. Bei einem mittleren Zinssatz von 8 % wächst dieser Markt jedes Jahr um rund 250 Milliarden. Die Dollarquelle war in der Ver-gangenheit das Defizit der amerikanischen Leistungs- und Zahlungsbilanz. Allein 1987 stieg das Leistungsbilanzdefizit auf 162 Milliarden Dollar, eine Summe, die in den Besitz von Nicht-Amerikanern gelangte. Im Eurobankensystem entstanden über den Multiplikatoreffekt aus 100 Milliarden rund 300 Milliarden Dollar, und dadurch war die Liquidität dieses Marktes gesichert. Außerdem war die amerikanische Geldpolitik relativ expansiv. Diese Entwicklung kehrt sich jetzt um, und ein Überschuß der amerikanischen Leistungsbilanz wird diese Dollarquelle für den Euromarkt zum Versiegen bringen. Zudem fällt die amerikanische Geldmengenexpansion auf das niedrigste Niveau seit 30 Jahren (2,5 %) und scheint von der Notenbank nicht mehr kontrolliert zu werden. Es gibt viele Schuldner in amerikanischen Dollar, die selbst keinerlei Einnahmen in Dollar haben. Sie können in Panik geraten, wenn die Zahlungstermine der Kupons nahen oder die Anleihen zurückgezahlt werden müssen.

5. Gefahr einer Weltwirtschaftskrise

Ende der 70er Jahre hatten die Kassandren und Mopse (Masters of Pessimistic Science) Hochkonjunktur. 1976 schrieb der amerikanische Bankier Erdman seinen Bestseller "The Crash of 79". Da sich das Erscheinen der deutschen Ausgabe etwas verzögerte, wurde der Titel in "Der Krach von 1981" umgewandelt. Der damals weltweit wohl bekannteste Börsenprophet Joe Granville rief am 6. Januar 1981 seinen zahlreichen Anhängern in der ganzen Welt zu: "Verkauft alle Aktien", und als in der zweiten Hälfte des Jahres 1982 der Dow Jones Aktienindex von 776 auf 1.300 sprang, kanzelte Granville dies als "Aktienerholung für Einfaltspinsel" ab. Aber auch in Europa waren wir reich gesegnet mit Kassandren. Als 1981 die Sozialisten und Kommunisten in Frankreich an die Macht kamen, wurde ein alter Bestseller wieder ausgegraben und in moderner Fassung neu aufgelegt: "Nostradamus". Mit einem Champagnerglas in der Hand delektierte man sich an Weltuntergangsgesprächen. Mitten im längsten Konjunkturaufschwung in Friedenszeiten fand im Oktober 1987 die größte Aktienkurskorrektur aller Zeiten statt. Die Börsenkapitalisierung der westlichen Welt sank in drei Wochen um 2500 Milliarden Dollar. Alle stellten sich die Frage: Wird sich die Weltwirtschaftskrise der 30er Jahre wiederholen? Wirtschafts- und Börsenexperten, die diese Frage mit ja beantworteten und vorgaben, die 30er Jahre genau zu kennen, schossen wie Pilze aus dem Boden. Als 1973/74 die Ölkrise ausbrach, tauchte plötzlich eine Heerschar von Ölspezialisten auf, und als 1980 als der Goldpreis auf über 800 Dollar die Feinunze kletterte, wimmelte es von Goldexperten. 1985 schrieb Ravi Batra, Professor für Wirtschaftswissenschaften an der Universität von Dallas "The Great Depression of 1990", ein Buch das 1987/88 auf den Bestsellerlisten in Amerika stand.

Als im Oktober 1987 die Weltbörsen krachten und die Stimmung auf den Kapitalmärkten katastrophal war, gab es viele ernst zu nehmende Stimmen, die von einer kommenden Rezession bzw. Depression überzeugt waren. Einer unter ihnen war der ehemalige Bundeskanzler und derzeitige Herausgeber der Wochenzeitung "Die Zeit", Helmut Schmidt. Seine Aussage gipfelte in dem Satz: "Die Rezession ist da, die Depression wartet im Hinterhof". Diese Prognose reizte mich zu folgender Prognose in der Studie "Vorhersehbare Überraschungen 1988 - 89": 1988 wird es keine Rezession geben, weder in den USA noch in Japan, und daher auch nicht in Europa. Der amerikanische Dollar wird wieder auf 1,80 - 2,00 DM steigen und der Dow Jones auf 3.000. Eine Prognose war allerdings falsch: Gold wird bei 550 bis 600 Dollar die Feinunze stehen. Was meine Wirtschaftsprognosen anbetraf, so war der heutige Bundesbankpräsident Schlesinger damals auf derselben Linie: “Ich sehe nicht, daß die Wirtschaft in der Bundesrepublik, in Europa, vielleicht sogar in Japan, stark unter der Entwicklung der Aktienkurse leiden wird ...” Unsere Übereinstimmung ist kein Zufall, denn auch Schlesinger ist von der monetaristischen Lehre beeinflußt.

Im Sommer 1991 sieht die Lage anders aus. Die Hälfte der OECD-Länder sind bereits in der Rezession: USA, Kanada, Australien, England, Frankreich, Italien, Schweiz, Schweden und Finnland. Nur in Deutschland und ein paar benachbarten Ländern wie Österreich, Belgien und den Niederlanden sowie in Japan gibt es ein kräftiges Wirtschaftswachstum. Meine heutige monetäre Analyse führt aber zu einem ganz anderen Schluß als 1987: In den Vereinigten Staaten deuten viele Anzeichen auf eine Deflation, in Japan ist die Verlangsamung der monetären Expansion extrem ausgeprägt, und in beiden Ländern dürfte 1992 die Inflation auf null Prozent zusteuern. Eine Rezession scheint auch in Japan unvermeidbar. Es gibt viele Experten, die die Rezession der amerikanischen Wirtschaft in zweiten Quartal 1991 für beendet ansehen, darunter der Gouverneur der amerikanischen Notenbank Alan Greenspan und der Wirtschaftsberater des amerikanischen Präsidenten, Michael Boeskin. Andere behaupten, die amerikanische Regierung und Notenbank werden nichts unversucht lassen, um im Wahljahr 1992 einen Wirtschaftsaufschwung zu organisieren, damit der Republikaner Bush wiedergewählt wird. Sie sollten eigentlich wissen, die jeweilige Lage einer Wirtschaft und Gesellschaft ist zwar das Resultat von menschlichem Handeln, entspricht aber nicht notwendigerweise den Absichten und Plänen.

Noch kein Licht im amerikanischen Wirtschaftstunnel

Präsident Bush sollte sich das Schicksal des ehemaligen Präsidenten Carter vor Augen halten. Auch er wollte mit einem Wirtschaftsaufschwung ins Wahljahr gehen. Weder seine Regierung noch die Notenbank konnten die scharfe Rezession 1980/82 verhindern. Eine Analyse der amerikanischen Wirtschaft darf sich daher nicht an den Wunschträumen des Präsidenten und seiner Berater orientieren.

Es gibt viele europäische Ökonomisten, die behaupten, die europäische Wirtschaft könne sich von der amerikanischen abkoppeln, schließlich würde Europa 1993 über einen Markt von mehr als 300 Millionen Konsumenten verfügen. Die Graphik zeigt jedoch eindeutig, wie die Weltwirtschaft von der amerikanischen beeinflußt wird (Chart 10). Wir leben in einer mehr und mehr interdependenten Weltwirtschaft. Daher müssen die Vereinigten Staaten, als die mit Abstand größte Volkwirtschaft in der OECD, einen entscheidenden Einfluß haben, und ihre Weiterentwicklung 1991/92 ist von überragender Bedeutung für die gesamte Weltwirtschaft. Die Idee der Abkoppelung ist entweder politisches

Wunschdenken oder europäische Selbstüberschätzung.

Im Sommer 1991 sind die meisten Ökomomisten sowohl in Amerika als auch in Europa vom Ende der amerikanischen Rezession überzeugt. Auch die Anleger sind voller Optimismus. Die amerikanische Börse eilt von Rekord zu Rekord. Die Vergangenheit lehrt: Zwar war die amerikanische Börse ein schlechter Indikator bei der Vorhersage einer Rezession (sie hat 13 der letzten 6 Rezessionen nach dem letzten Weltkrieg vorhergesehen), aber sie hat jeden Aufschwung exakt angekündigt, mit einer Ausnahme: 1929. Wer also wagt, dieses Barometer zu ignorieren, hat statistisch gesehen eine geringe Erfolgschance. Ich bin mir dieser Tatsache bewußt, und sage trotzdem voraus: Die amerikanische Wirtschaft hat nach zwei negativen Quartalen (letztes Quartal 1990 und erstes Quartal 199) die Rezession noch nicht überwunden und ist weit von einem Aufschwung entfernt. Ich halte einen tieferen Absturz in die Rezession für wahrscheinlich und ein Abgleiten in depressionsartige Zustände für nicht ausgeschlossen.

Rund zwei Drittel des amerikanischen Bruttosozialproduktes bestehen aus Privatkonsum. Ein spürbarer Anstieg des Wirtschaftswachstums kann daher nur über einen Anstieg des Privatkonsums erfolgen. Folgende Argumenten sprechen gegen einen solchen Anstieg in den nächsten Monaten:

- Das Wachstum des Einkommens der privaten

Haushalte ist mit 3,1 % das geringste Wachstum seit über 20 Jahren. Es ist sogar niedriger als die Inflation (Chart 22). Nach Beendigung des Golfkrieges stiegen zwar alle Stimmungsbarometer der Konsumenten sprunghaft an. Es ist jedoch ein Optimismus mit leeren Taschen.

- Die amerikanische Volkswirtschaft erlebt eine "Perestroika" made in USA, vor allem im Sektor der Dienstleistungen gehen viele Arbeitsplätze verloren. Um ein Beispiel zu nennen, fast hundert Banken mußten allein in diesem Jahr ihre Türen schließen, und seit einigen Monaten finden die größten Bankenfusionen in der Geschichte Amerikas statt (eines der Ziele ist das Einsparen von Arbeitsplätzen). Mittel- und langfristig betrachtet, ist diese Restrukturierung des Dienst-leistungssektors eine Garantie für die Erhöhung der Produktivität und der Inflationskontrolle. Kurzfristig aber drückt diese Entwicklung auf das Gesamteinkommen der privaten Haushalte.

- Im Gegensatz zu 1980 als über die berühmte Kemp/Roth Bill die Steuern empfindlich gesenkt wurden, erhöhen sie sich zur Zeit stark, und die Gesamtsteuerlast der Privaten erreicht ein höheres Niveau als 1981.

- Die Sparquote ist seit 1988 wieder im Fallen und erreicht mit 3,7 % ein Niveau, das dem Konsumenten wenig Reserve zum Entsparen läßt. In diesem Zusammenhang wird oft der Einkommenseffekt des Sparens vergessen. 14 % des Einkommens der privaten Haushalte bestehen aus

Zinseinnahmen. Wenn also die Sparquote und gleichzeitig die Zinsen fallen, hat dies einen negativen Einfluß auf die Finanzerträge der amerikanischen Haushalte, die, wie auf das niedrigste Niveau seit Bestehen der Statistik abgesunken sind.

- Die Verschuldung der gesamten amerikanischen Wirtschaft ist auf einem Rekordniveau (Chart 23), und der Konsument macht dabei keine Ausnahme. Da seit der Steuerreform von 1988 die Abzugsfähigkeit aller Schuldzinsen erheblich eingeschränkt wurde (nur die Zinsen für den ersten Hypothekarkredit sind voll abzugsfähig), hat der amerikanische Konsument heute eher den Wunsch sich zu entschulden, als über eine Kreditausweitung seinen Konsum zu erhöhen.

Weder diese Argumentation noch die gesamtwirtschaftliche Konstellation lassen einen plötzlichen Anstieg des Optimismus und damit der Konsumfreudigkeit erwarten.

- Der starke Anstieg der amerikanischen Exporte, bisher Stütze der Konjunktur, verlangsamt sich zusehends, da mehr und mehr OECD-Länder in die Rezession abgleiten, nur einige südamerikanische Länder (Mexiko, Chile, Brasilien) entwikkeln sich positiv für die amerikanischen Exporte. Der Verfall der Rohstoffpreise (Chart 24) deutet in Richtung Verlangsammung der gesamten Weltkonjunktur und macht die These der OECD eines starken Anstiegs des Welthandels und des Weltwirtschaftswachstums im ersten Halbjahr 1992 fragwürdig. Der Anleger sollte den OECD-

Prognosen aus Paris mit Mißtrauen begegnen, da sie politisch motiviert sind. Generell ist Skepsis gegenüber Vorhersagen von Ökonomen angebracht. Ende 1989 ergab eine Umfrage bei den in der NABE (National Association of Business Economists) zusammengefaßten amerikanischen Ökonomen, daß 62 % der Mitglieder in den kommenden drei Jahren keine Rezession erwarten. "Wir hatten noch nie eine solche Mehrheit für eine so optimistische Prognose", erklärte der NABE-Präsident. Im Juli 1991 waren es 91 % der führenden amerikanischen Volkswirte, die einen Fortgang der Rezession in Amerika für ausgeschlossen hielten und für das dritte und vierte Quartal von 1991 ein Wachstum von 2,7 und 2,8 % vorhersagten.

- Das amerikanische Haushaltsdefizit erreicht neue Rekordhöhen und verringert die Möglichkeit, im Falle einer größeren Krise stimulierend auf die Wirtschaft einzuwirken. Die jetzige Erhöhung des Defizits wirkt wenig stimulierend, da es in erster Linie zur Rettung der Sparkassen (Saving and Loans) gebraucht wird.

- Der seit 1989 beobachtete Rückgang der Gewinne der amerikanischen Unternehmen ist noch lange nicht beendet und hat sich im zweiten Quartal 1991 verschärft, zu einem Zeitpunkt da die Verschuldung der amerikanischen Gesellschaften neue Rekordhöhen erreicht (Chart 25).

Hat die amerikanische Notenbank die Geldmenge noch unter Kontrolle?

Die Geldmengenentwicklung (M2, M3 und M4) in Amerika so schwach wie nie in den letzten 20 Jahren (Chart 26). Schon ein leichter Wirtschaftsaufschwung wäre mangels Geld sofort in Frage gestellt, da die kurzfristigen Zinsen ansteigen würden. Der bisherige Fall der kurzfristigen Zinsen von 10,5 auf 5,5 %(Chart 27) ist das einzige optimistische Argument für die amerikanische Konjunktur.

Die Situation scheint nicht mehr unter Kontrolle zu sein, und die anerkannten Monetaristen Cecogest Paris/London kamen im Juni 1991 in einer über einen Zeitraum von 120 Jahren geführten Studie zu dem Schluß: "Die Gefahr einer Deflation war seit den 30er Jahren noch nie so groß." Ich bin davon überzeugt, unsere Politiker, Manager und Banker sind auf eine derartige Entwicklung nicht vorbereitet, genausowenig wie die damalige Ge-neration auf die Krise der 30er Jahre vorbereitet war. Es wird immer wieder behauptet, die damalige Deflation und Depression wurden durch eine falsche Notenbankpolitik ausgelöst und verstärkt. Es stimmt, in den Jahren 1929 bis 1934 schrumpften die Geldmengen in den führenden Volkswirtschaften um ein Drittel. Der große Monetarist Milton Friedman hat aber nachgewiesen, die damaligen Notenbanken taten alles, um der Wirtschaft genügend Geld zur Verfügung zu stellen. Sie senkten innerhalb kurzer Zeit die Zinsen von 8 auf 2,5 %, sie schleusten mit einer agressiven Offenmarktpolitik Geld in den Wirtschaftskreislauf, und sie erweiterten die Kreditspielräume der Banken und der Broker. Genauso wie in diesem Jahr 1991 die Federal Reserve die Liquidität des Bankensystems bis Ende Juli um etwas über 9 % erhöht hat, ohne eine entsprechende Erhöhung der Geldmenge provozieren zu können (Chart 28).

Deutschland über alles

Wir haben den Sonderfall Bundesrepublik. In den Jahren 1990 und 1991 verabschiedete die Bundesregierung das größte Konjunkturprogramm aller Zeiten. Bei über 250 Milliarden D-Mark Defizit der öffentlichen Haushalte in zwei Jahren konnte es keine Rezession in Deutschland geben. Durch eine von rein politischen Motiven geleitete und bar jeder ökonomischen Vernunft konzipierte Währungsunion mit der ehemaligen DDR wurde das Produktionspotential im Osten Deutschlands völlig entwertet. Die Transferzahlungen von West nach Ost wirkten sich als westdeutsches Konjunkturprogramm aus. Gleichzeitig wurden die Masseneinkommen (Löhne und Renten) in den neuen Bundesländern dramatisch erhöht, und auch die Westdeutschen wollten nicht zurückstehen, sie verlangten und erhielten eine Lohnerhöhung von 8 bis 10 %. Dies ist kein Zeichen von Opferbereitschaft und liegt weit über dem von der Bundesbank errechneten Produktivitätszuwachs von 1,5 bis 2 %. Ein Ansteigen der Inflationsrate und kräftige Steuererhöhungen, kombiniert mit einer restriktiven Notenbankpolitik, werden somit auch die westdeutsche Wirtschaft in den nächsten Jahren an den Rand einer Rezession bringen. Mit Ausnahme von England haben alle große Industriestaaten einen riesigen Schuldenberg aufgebaut, und in Deutschland liegt das laufende Haushaltsdefizit zwischen 5 und 6 %, somit wird es dieses Mal nicht wie 1982 möglich sein, über fiskalische Stimulierungen den Wirtschaftsprozeß rasch wieder in Gang zu bringen.

Im Jahre 1991 ist die Lage völlig anders. Präsident Bush brach sein Versprechen, keine neuen Steuern einzuführen und keine Steuern zu erhöhen. 1982 waren es die Steuersenkungen im Rahmen der Kemp/Roth Bill, die in Amerika und in allen westlichen Industriestaaten den längsten in Friedenszeiten beobachteten Wirtschaftsaufschwung einleiteten. Ein Ziel der Reaganschen angebotsorientierten Wirtschaftspolitik war die Sparquote zu erhöhen und den Staatshaushalt ins Gleichgewicht zu bringen. Im Jahre 1985 uferte der Staatshaushalt völlig aus, und es kam unter der Reagan Regierung zu einem mutigen Gesetz, dem Gramm-Rudman-Hollings Gesetz, wonach es zu automatischen Ausgabenkürzungen kommt, wenn die Regierung nicht selbst dazu in der Lage ist. 1991/92 hätte danach das amerikanische Budget ausgeglichen sein müssen. Es wird aber mit einem Rekorddefizit von über 360 Milliarden Dollar enden, daran ändern auch die jetzigen Steuererhöhungen nichts. Die Sparquote ist im Juli 1991 auf 3,7 % abgesunken und liegt weit unter der Sparquote von 8 % im Jahre 1981.

In der Bundesrepublik wurden die Steuern zum 1. Juli drastisch erhöht und auch in anderen Industrieländern ist der Zug in Richtung Steuererhöhung abgefahren. Auch die Sparquote ist in der Bundesrepublik und den anderen Industrieländern seit Jahren rückläufig. Es gibt kein Beispiel in der Geschichte, wonach Steuererhöhungen und rückläufige Sparquoten das Wirtschaftswachstum stimulieren.

Die Nachfrage nach Kapital wird in den kommenden Jahren so hoch sein wie noch nie zuvor. Die Öffnung Osteuropas in Richtung Demokratie und Marktwirtschaft, ein Europa vom Atlantik bis zum Ural, wie es bereits General de Gaulle prophezeite, wird gigantische Summen von Kapital benötigen. Der Internationale Währungsfonds schätzt den Kapitalbedarf auf rund 800 Milliarden Dollar, um die Produktivität der ostdeutschen Wirtschaft auf westliches Niveau zu bringen. Um die gesamte osteuropäische Wirtschaft auf westliches Niveau anzuheben, dürfte der Kapitalbedarf bei mindestens 12.000 Milliarden Dollar liegen. Die westlichen Kapitalmärkte, d.h., Börsen- und Anleihenmärkte, haben einen Wert von rund 20.000 Milliarden Dollar. Bei solchen Größenordnungen kann der Westen nur Hilfestellung leisten, die osteuropäischen Volkswirtschaften müssen sich den Großteil des Kapitals selbst erwirtschaften: Diese Aufgabe wird mindestens eine Generation in Anspruch nehmen.
Für die kommenden Jahre stellt sich die Frage,

wie sich die Hauptakteure im Wirtschaftsgeschehen, Zentralbanken und Regierungen, verhalten und wie effizient das vorhandene Kapital genutzt wird. Beide Institutionen können schematisch betrachtet auf vier verschiedene Arten zusammenarbeiten:

- Expansive Notenbankpolitik und liberale Wirtschaftspolitik: Beides zusammen führt zu Wachstum und steigenden Inflationsraten, wie wir es Ende der 60er Jahre erfuhren.

- Expansive Notenbankpolitik und protektionistische, interventionistische Wirtschaftspolitik: Beides zusammen beschert Inflation und Stagnation, wie wir es in den 70er Jahren erlebten.

- Restriktive Notenbankpolitik und liberale Wirtschaftspolitik: Diese Kombination war die Hauptursache des amerikanischen und auch englischen Wirtschaftsaufschwungs von 1982 bis 1988. Sie wurde dann auch in anderen Ländern Westeuropas seit Mitte der 80er Jahre mehr oder weniger praktzieziert.

- Restriktive Notenbankpolitik und protektionistische, interventionistische Wirtschaftspolitik: Dieses Szenario bringt jedes Wirtschaftswachstum in Gefahr und kann zu Deflation führen.

Leider hat das letzte Szenario für die kommenden Jahre die größte Wahrscheinlichkeit. Seit 1990 verfolgen fast alle großen Notenbanken der Welt eine Politik des knappen Geldes. Sollte diese Politik noch ein bis zwei Jahre weitergeführt werden, dürfte eine Weltwirtschaftskirse unvermeidbar sein. Zunehmende wirtschaftliche Schwierigkeiten führen unweigerlich zu größerem Protektionismus und damit zur Blockbildung. Der nordamerikanische Handelsblock (USA, Kanada, und Mexiko) sowie Japan mit dem pazifischen Raum als Hinterland haben die besten Karten. Europa wird mit sich selbst beschäftigt sein, um sich neu zu ordnen und zu finden.

Anlagepolitik in den 90er Jahren

Die Konsequenz ist eine konservative Anlagepolitik. Jeder sollte in erster Linie ein eigenes Immobilienvermögen und eine Lebensversicherung besitzen. Darüberhinaus empfehle ich folgende Aufteilung der Finanzanlagen (siehe Chart 29).

Der größte Anteil sollte in mittel- und langfristige Anleihen gelegt werden, wobei die Qualität des Schuldners Vorrang hat. Es dürfen nur solche mit der Qualitätsbezeichnung AAA ausgewählt werden. Sobald ein Schuldner von den internationalen Rating- Organisationen heruntergestuft wird, ist ein Verkauf empfehlenswert.

Die hohe Position in Liquidität von 15 % kann entweder in Geldmarktfonds oder in Terminkonten bei anerkannt konservativen Banken mit höchstem Ratig angelegt sein. Die jüngsten internationalen Bankenskandale mahnen zur Vorsicht.

Der Anteil in Aktien ist bei dieser konservativen Anlagepolitik mit 30 % relativ hoch. Die kommenden Jahre werden schwierig, und die hohe Bewertung der Aktienmärkte vor allem in Amerika und England tragen dem nicht Rechnung. Der Zeitpunkt der Turbulenzen ist nicht genau zu bestimmen. Ich kann dem Anleger nicht die Mühe ersparen, die Märkte genau zu beobachten und sich über die Medien gut zu informieren. Wenn die ersten Alarmzeichen läuten, sollte er nicht zögern, seine Aktienbestände vorübergehend auf einen Mindestbestand (nur unter langfristigen Gesichtspunkten ausgewählte Basiswerte) zurückzufahren und die Liquidität entsprechend zu erhöhen. Solche Alarmzeichen könnten sein:

- unerwartete Zinserhöhungen der Notenbanken
- Preiseinbrüche auf den Rohstoff- und Immobilienmärkten
- starker Ausschläge des amerikanischen Dollars
- Zusammenbrüche von größeren Banken oder Industrieunternehmen
- politische Erdrutsche bei Wahlen oder Regierungskrisen
- Massenwanderungen infolge des Zusammenbruchs des Sowjetunion (3 Millionen "Auslandsdeutsche" sitzen schon auf ihren Koffern).

In der Regel ereignet sich ein Börsenkrach im Oktober, vorzugsweise an einem Montag. Das vorausgehende Wochenende gibt den Anlegern Zeit zum Überlegen, beflügelt ihre Ängste und läßt sie am Montag zur Tat schreiten. So geschah es am

Montag, dem 21. Oktober 1929, am Montag, dem 19. Oktober 1987, auch der Mini-Krach von 1989 geschah an einem Montag, dem 16. Oktober. Aber andere Wochentage und Monate sind denkbar. Nur ein Wochentag blieb bisher verschont, der Sonntag, da sind alle Weltbörsen geschlossen.

Viele Anleger und Experten haben in den letzten drei Jahren zu Recht den von mir empfohlenen relativ hohen Goldanteil von 5 % am Gesamtvermögen kritisiert. Ich empfehle weiterhin mindestens ebensoviel in Gold zu halten, obwohl bei der zu erwartenden Deflation kein solcher Inflationsschutz gebraucht wird. Ich befürchte jedoch, bei Währungsunruhen und Bankzusammenbrüchen wird das Mißtrauen dem Geld gegenüber wachsen. 1991 haben wir in Amerika davon einen Vorgeschmack erhalten. Durch die Krise der Sparkassen und der Schließung von über hundert Banken kam es zu massiven Abflüssen aus dem Bankensektor. Der Bargeldumlauf stieg explosionsartig.

Die 90er Jahre werden in jeder Hinsicht ein turbulentes Jahrzehnt. Ich galt in den 70er Jahren als die "Kassandra aus Brüssel", da ich von Aktien abriet, in den 80er Jahren wurde ich der "ewige Optimist"und für die 90er Jahre möchte ich als "Realist" vor der allgemein vorhandenen Euphorie warnen. Wir werden in den kommenden Jahren bescheidener sein müssen. Langfristig gesehen werde ich wieder zum " Optimisten". Um an der Börse erfolgreich zu sein, muß man eine langfristig angelegte Strategie haben. Es lohnt sich, Warren Buffets Strategie zum Vorbild zu nehmen. Es lohnt sich, wenn bei Turbulenzen "zittrige Hände" Aktien verkaufen, die langfristigen Basiswerte aufzustocken.

Und vergessen Sie nicht Wilhelm Busch. Seine vor hundert Jahren geschriebenen Worte passen in leichter Abänderung in das Stammbuch eines jeden Aktionärs:

Will das Glück nach seinem Sinn
Dir was Gutes schenken,
Sage Dank und nimm es hin
Ohne viel Bedenken.

Jede Gabe sei begrüßt,
Doch vor allen Dingen:
Aktienanlagen, um die Du Dich bemühst,
Mögen Dir gelingen.

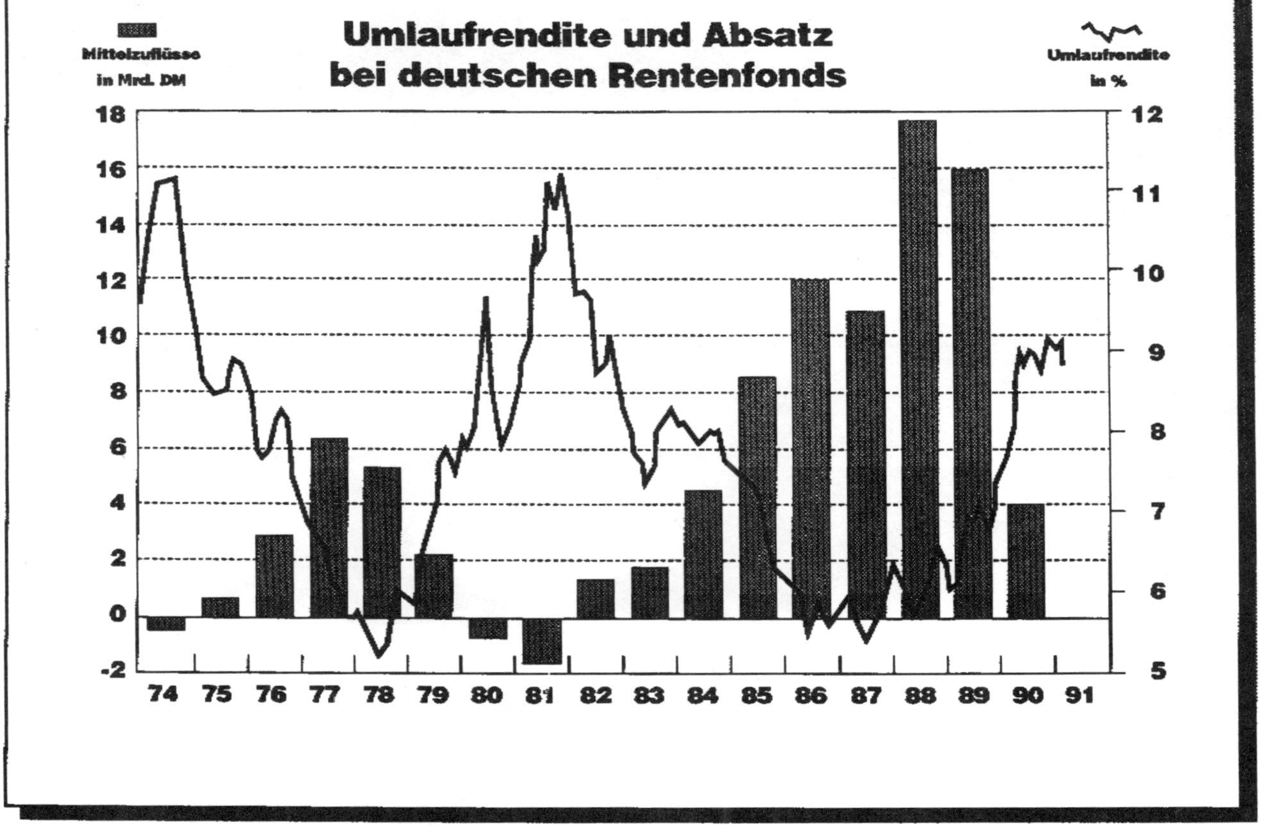

Umlaufrendite und Absatz
bei deutschen Rentenfonds
Mittelzuflüsse
in Mrd. DM
Umlaufrendite
in %
18
16
14
12
10
8
6
4
2
0
-2
12
11
10
9
8
7
6
5
74
75
76
77
78
79
80
81
82
83
84
85
86
87
88
89
90
91

Chart 2

MSCI Weltindex (auf Dollarbasis)

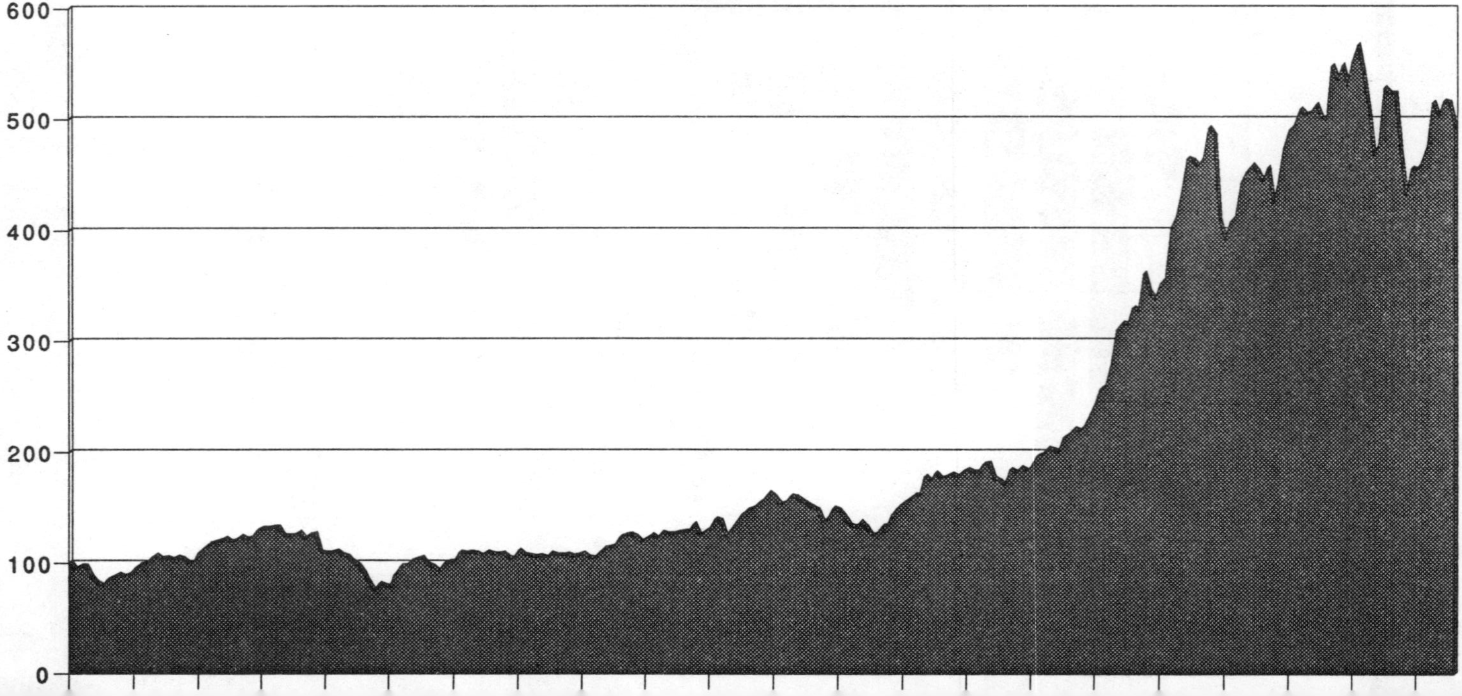

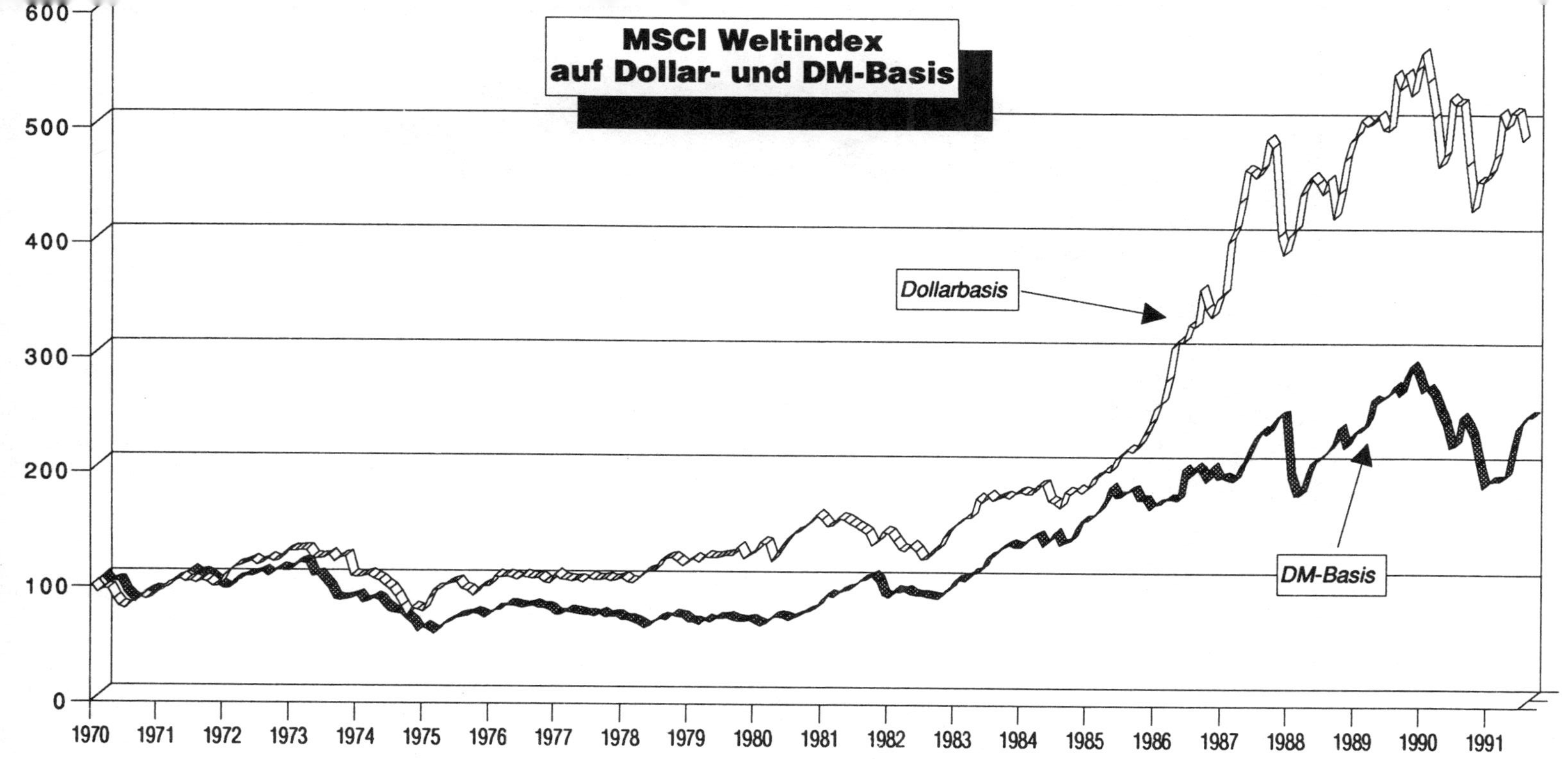

Quelle: Morgan Stanley International und Datastream

Chart by Michael Leuschel

Chart 4

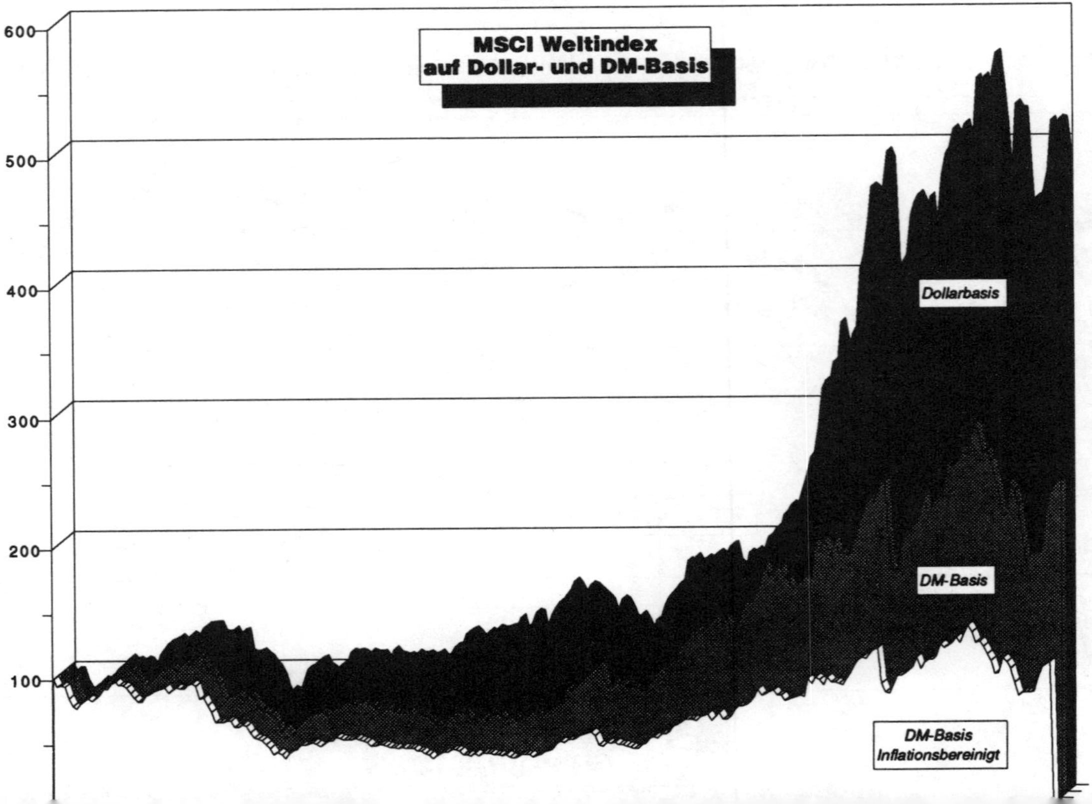
MSCI Weltindex
auf Dollar- und DM-Basis
600
500
400
300
200
100
Dollarbasis
DM-Basis
DM-Basis
Inflationsbereinigt

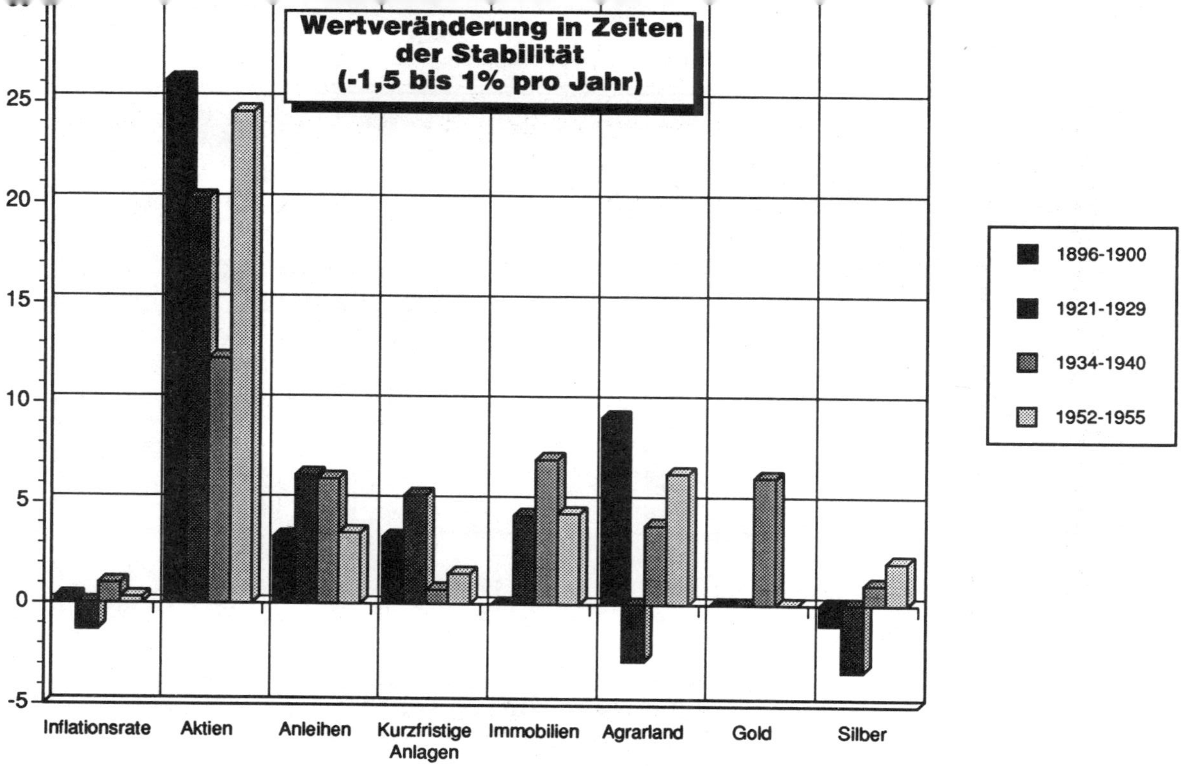

Chart by Michael Leuschel

Chart 6

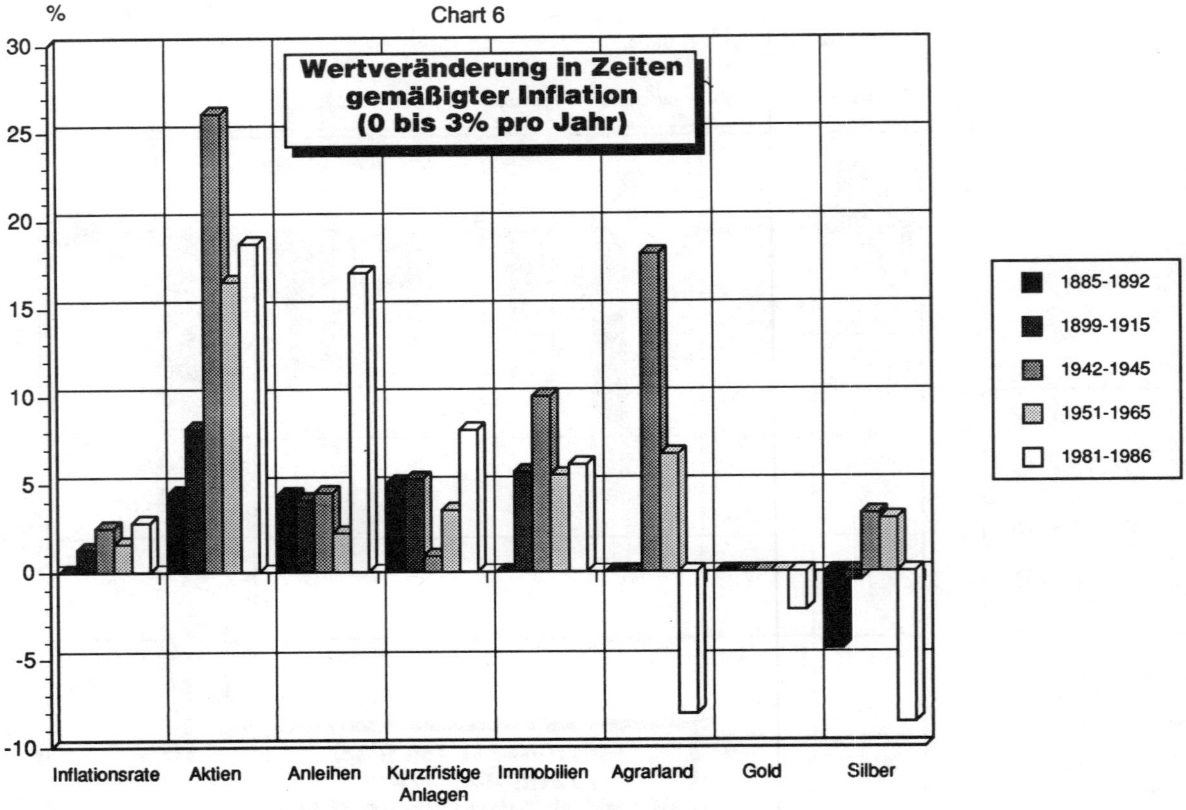

%
30
25
20
15
10
5
0
-5
-10
Wertveränderung in Zeiten gemäßigter Inflation (0 bis 3% pro Jahr)
Inflationsrate
Aktien
Anleihen
Kurzfristige Anlagen
Immobilien
Agrarland
Gold
Silber
1885-1892
1899-1915
1942-1945
1951-1965
1981-1986

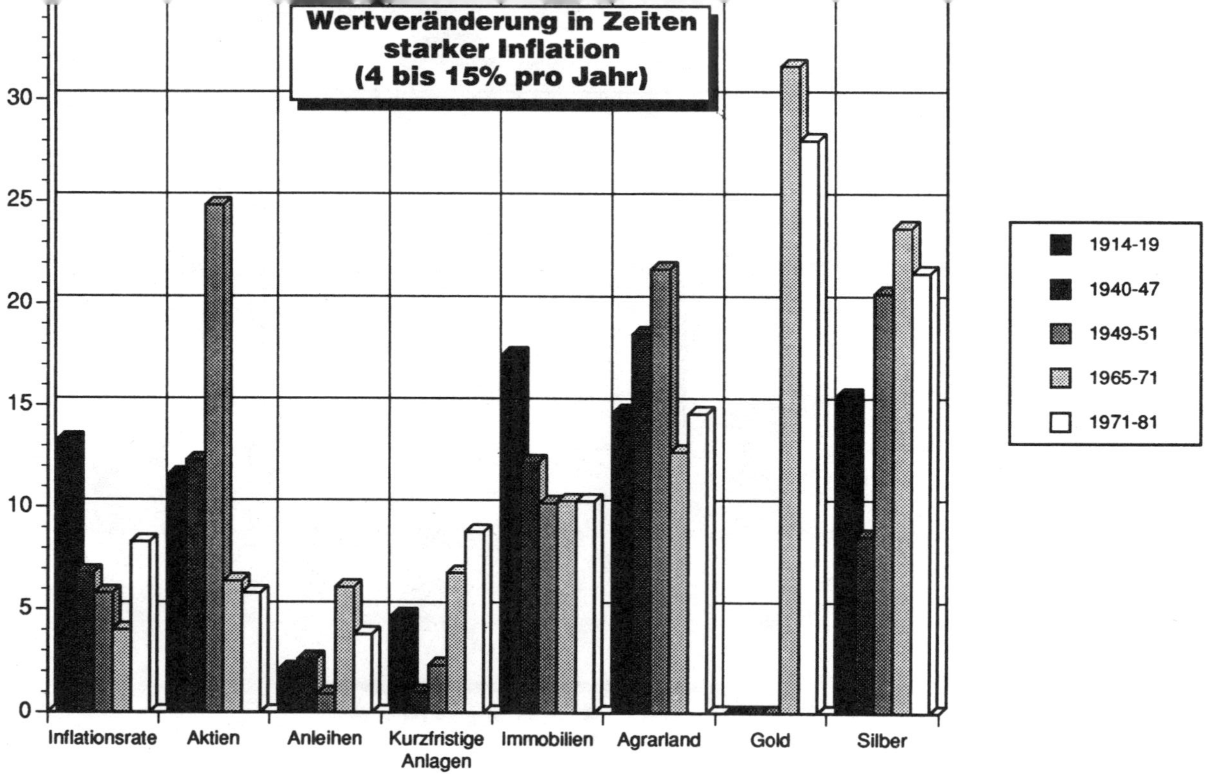

Chart by Michael Leuschel

Chart 8

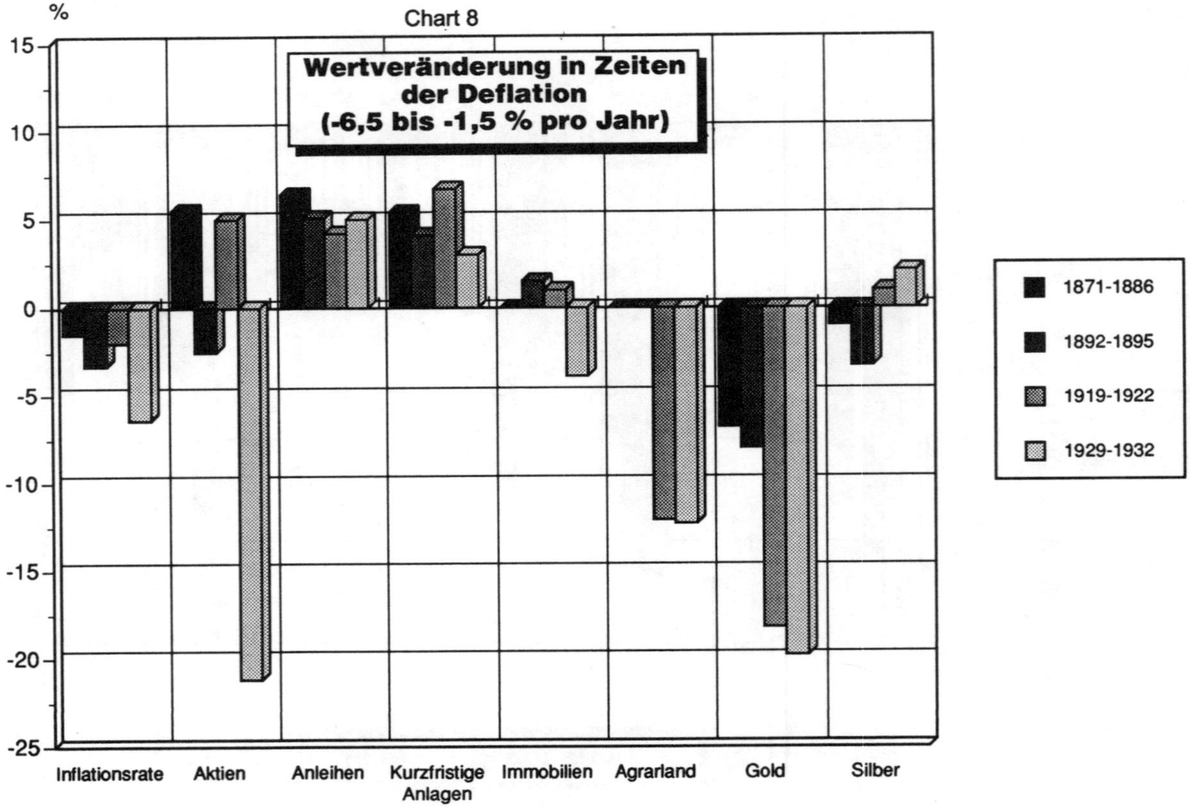
%
Wertveränderung in Zeiten der Deflation (-6,5 bis -1,5 % pro Jahr)
15
10
5
0
-5
-10
-15
-20
-25
Inflationsrate
Aktien
Anleihen
Kurzfristige Anlagen
Immobilien
Agrarland
Gold
Silber
1871-1886
1892-1895
1919-1922
1929-1932

erformance über 4 Jahre
Juli 1987 - Juli 1991

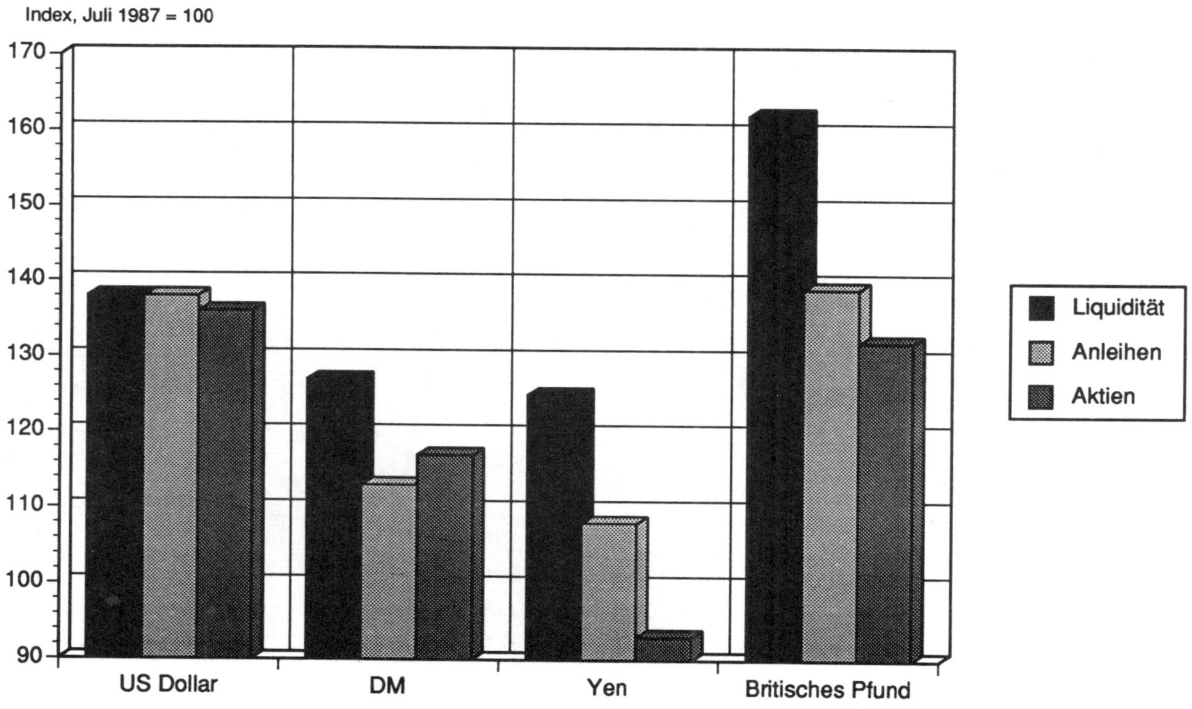

Chart: Michael Leuschel

Chart 10

Industrieproduktion USA und OECD

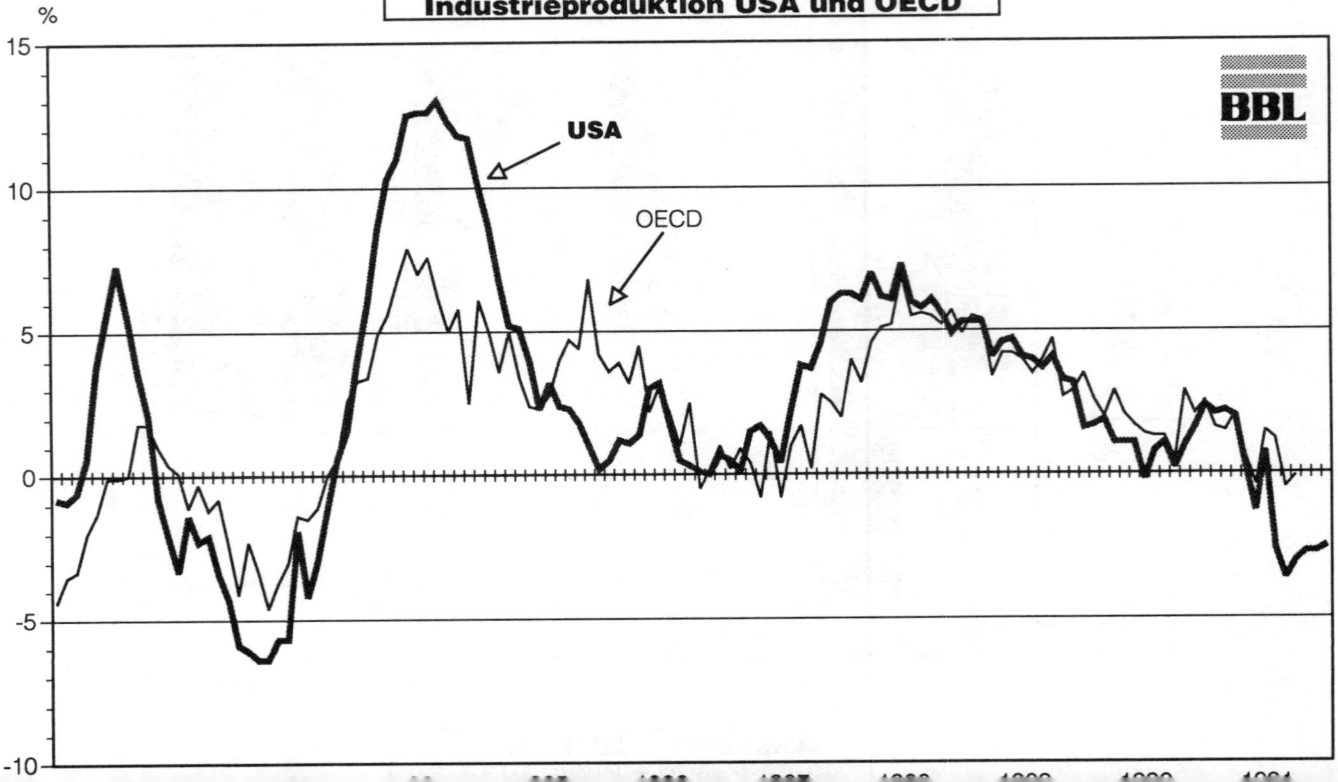

Inflationsraten in der OECD

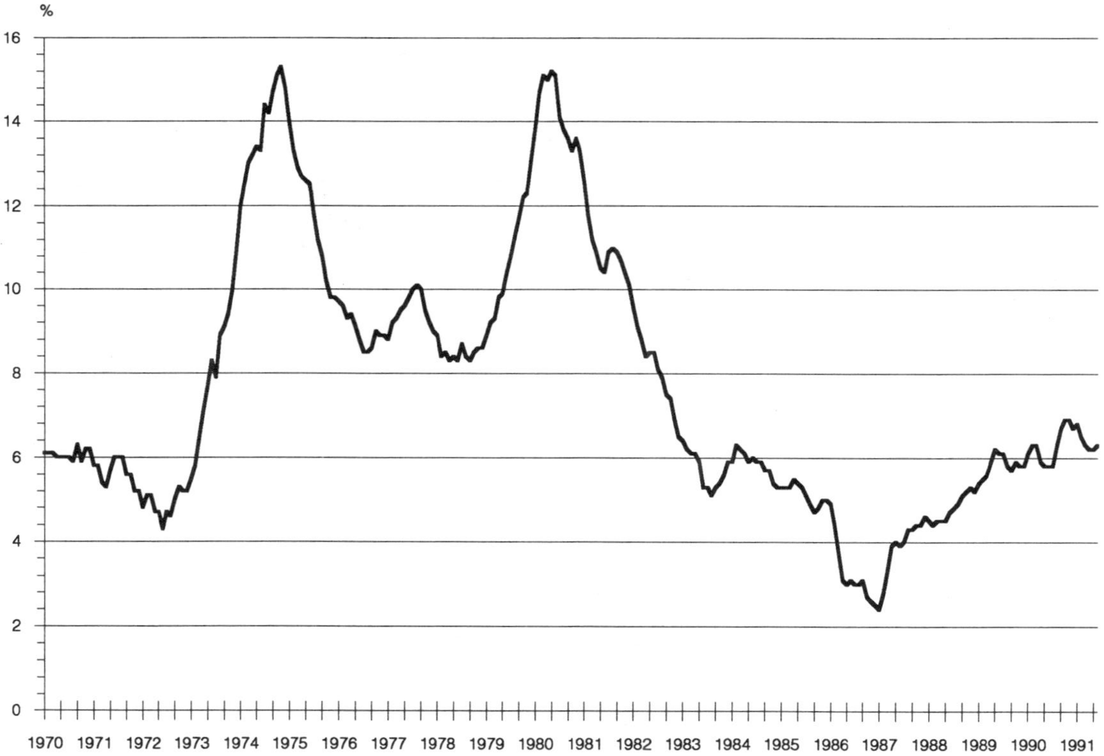

Quelle: Datastream

Chart 12

Leistungsbilanz der Bundesrepublik

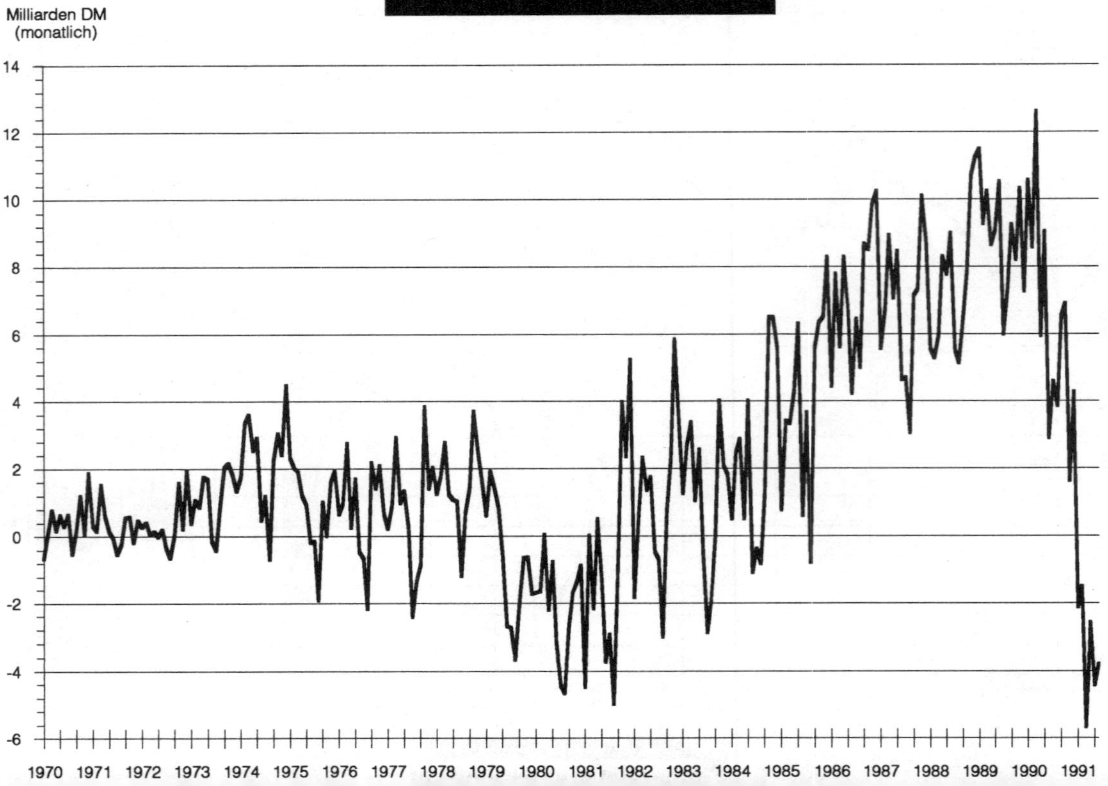

(gemessen an der
Börsenkapitalisierung August 1991)

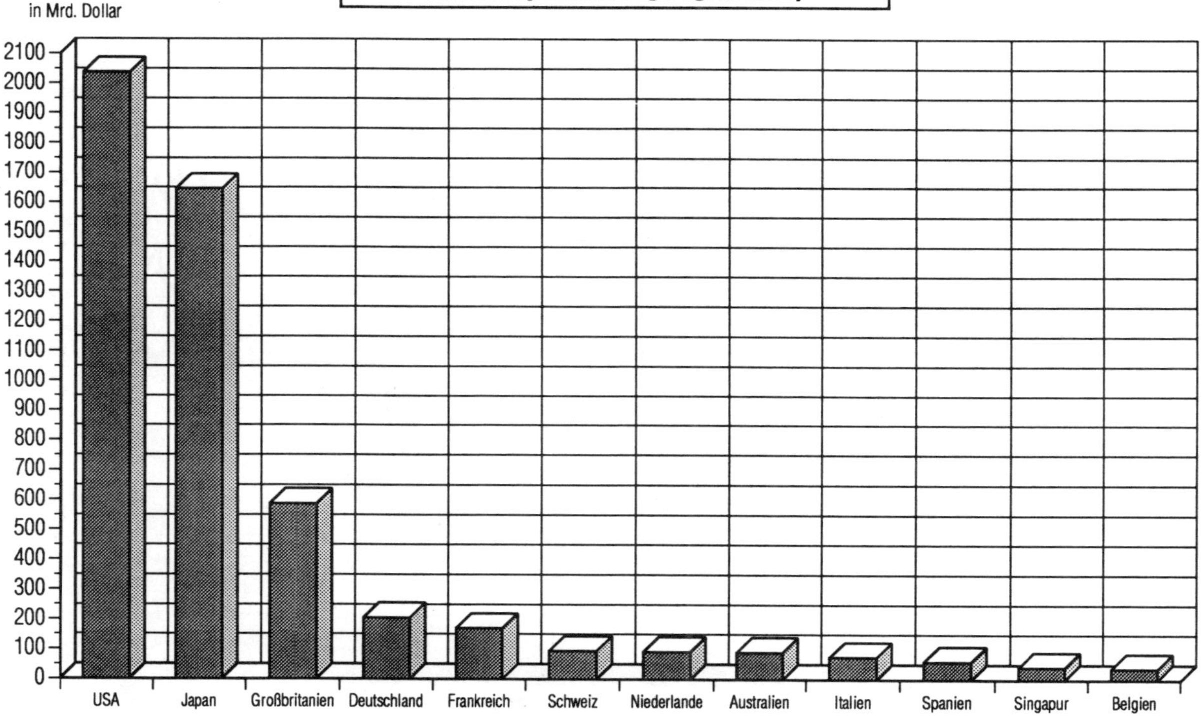

Chart by Michael Leuschel

Chart 14

Realverzinsung von 10-jährigen Staatsanleihen (in USA, Japan und Bundesrepublik)

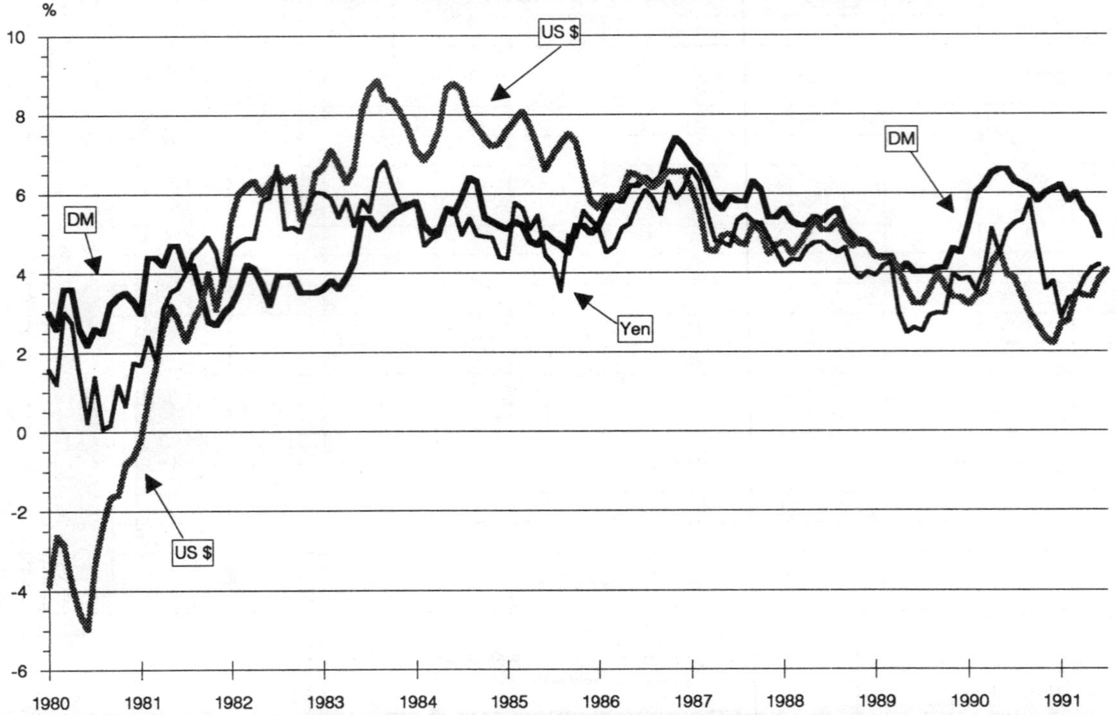

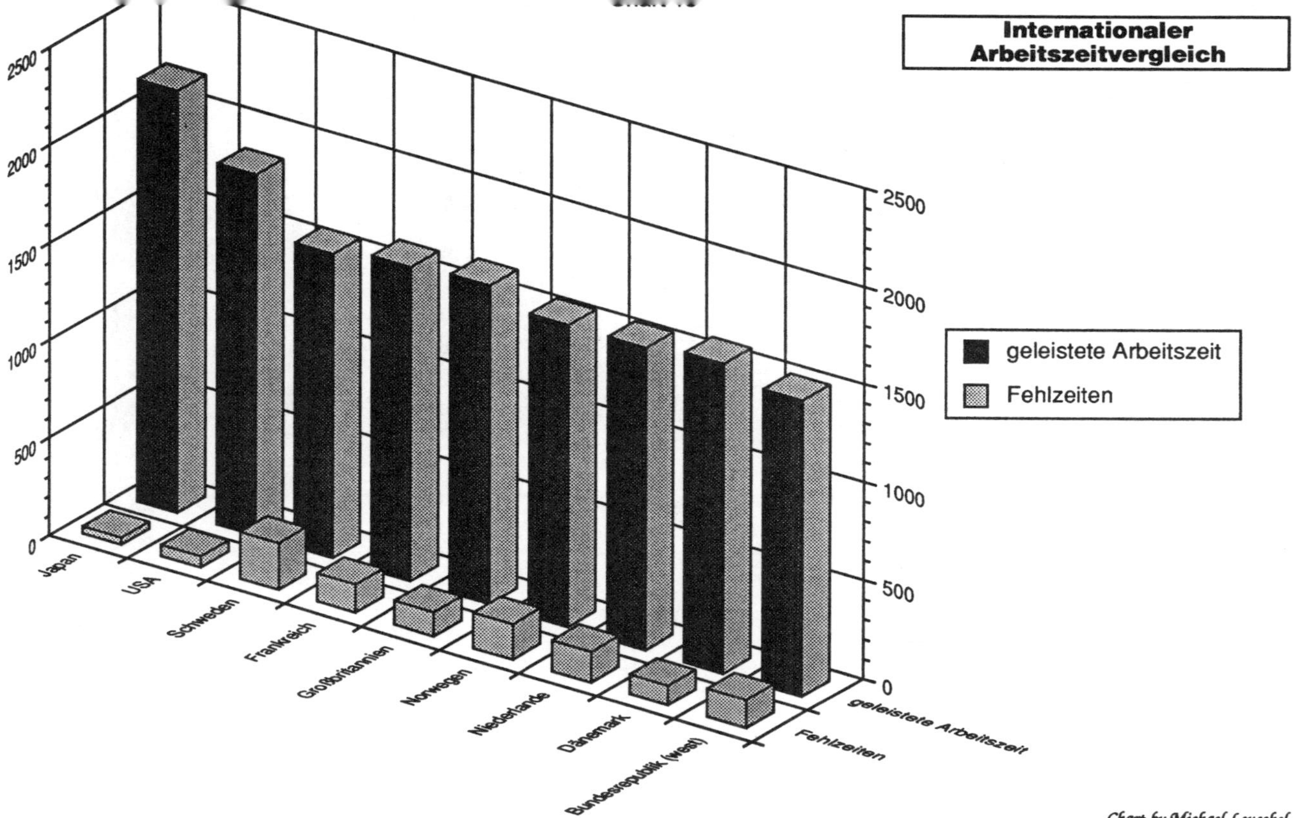

Chart by Michael Leuschel

Chart 16

Die 10 größten Unternehmen weltweit und die 5 größten Unternehmen in Deutschland

(gemessen an der Börsenkapitalisierung Juni 1991)

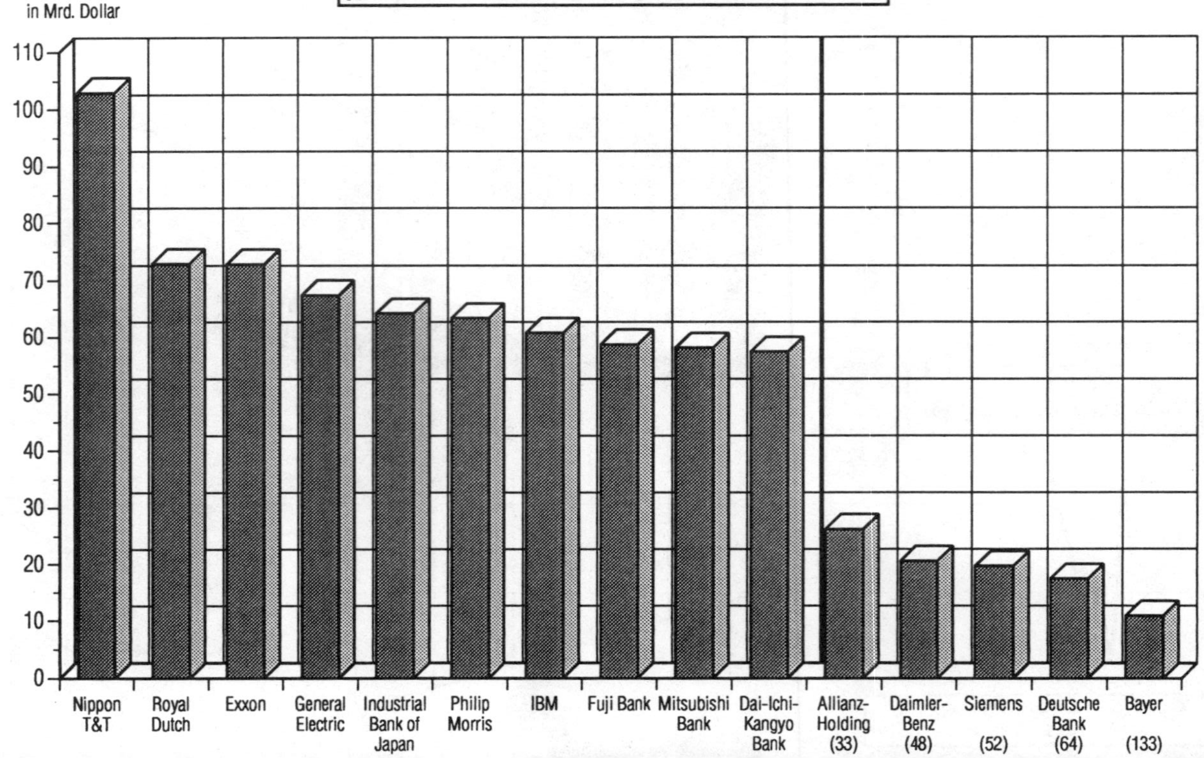

[redacted]

Quelle: Datastream

Chart 18

Entwicklung des Yen gegenüber der DM

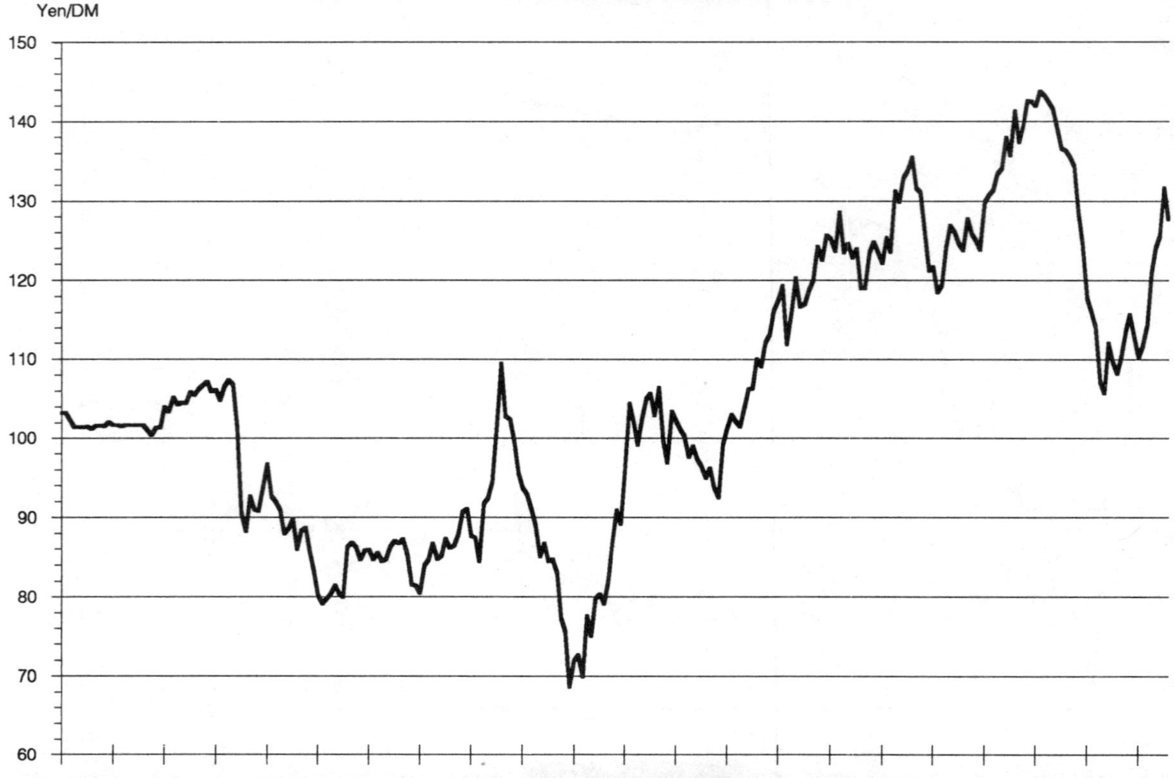

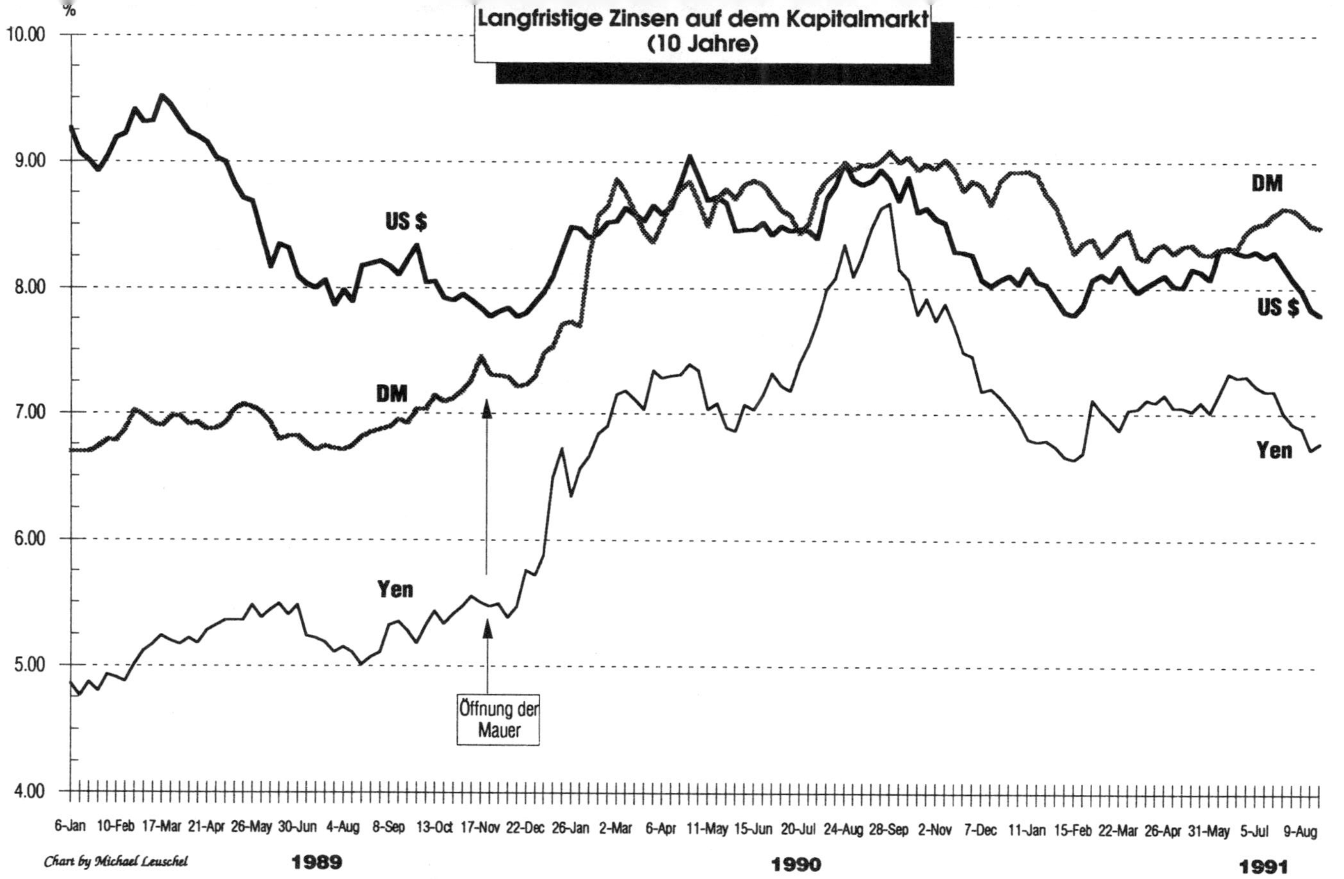

Langfristige Zinsen auf dem Kapitalmarkt
(10 Jahre)
%
10.00
9.00
8.00
7.00
6.00
5.00
4.00
US $
DM
Yen
Öffnung der Mauer
6-Jan 10-Feb 17-Mar 21-Apr 26-May 30-Jun 4-Aug 8-Sep 13-Oct 17-Nov 22-Dec 26-Jan 2-Mar 6-Apr 11-May 15-Jun 20-Jul 24-Aug 28-Sep 2-Nov 7-Dec 11-Jan 15-Feb 22-Mar 26-Apr 31-May 5-Jul 9-Aug
1989
1990
1991
Chart by Michael Leuschel

Chart 20

DM - US Dollar Wechselkurs

[redacted]

Quelle: Datastream

Chart 22

Einkommen der privaten Haushalte in den USA (Veränderung auf Jahresbasis)

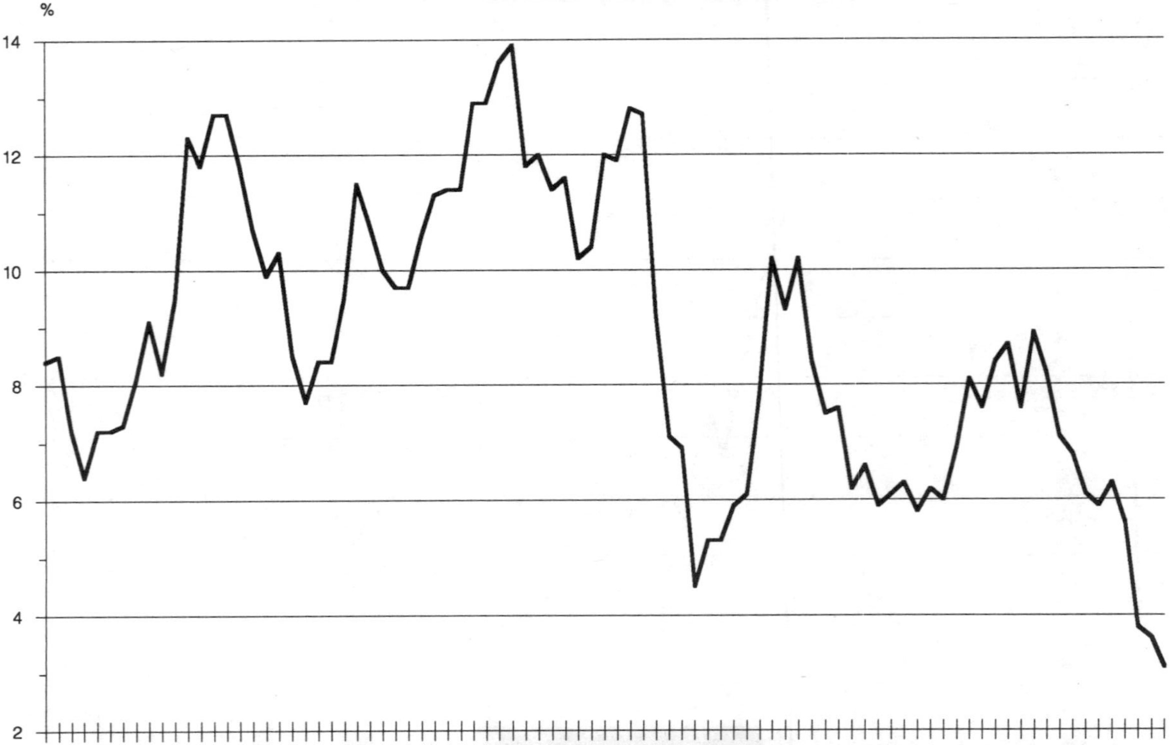

[redacted]

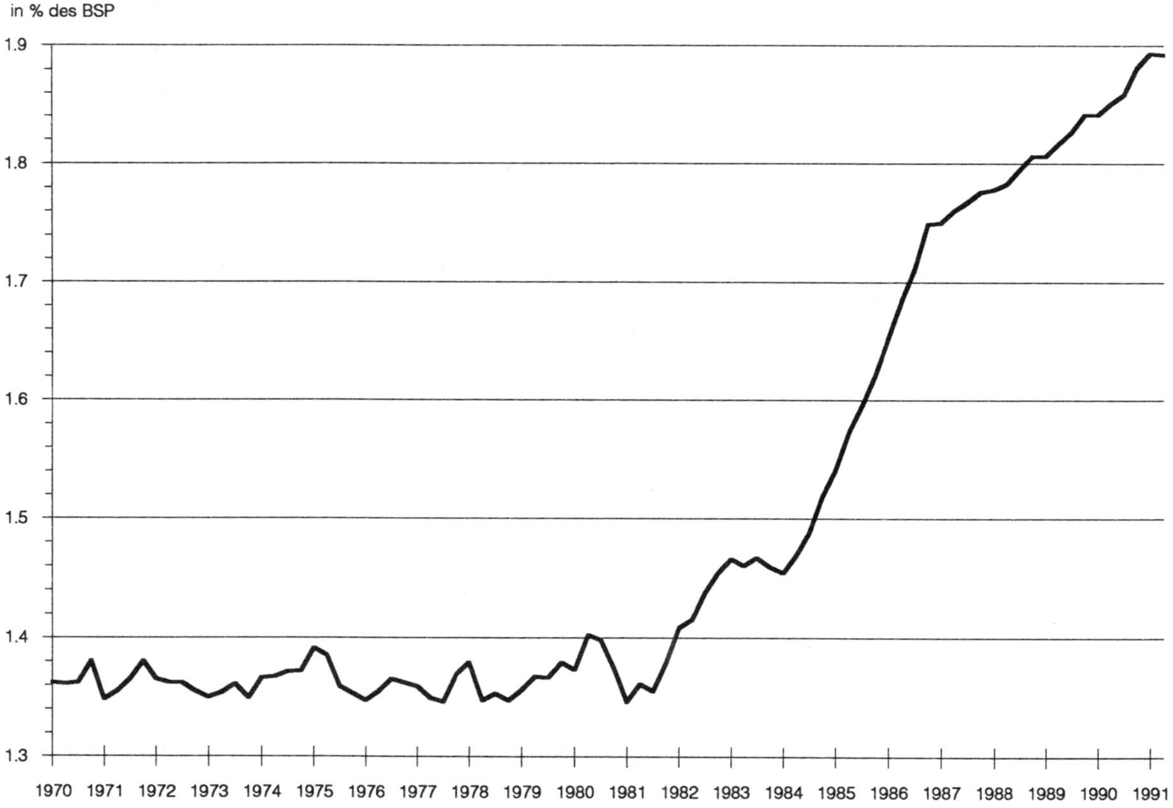

Quelle: Datastream

Chart 24

CRB Rohstoff Preis Index (Futures)

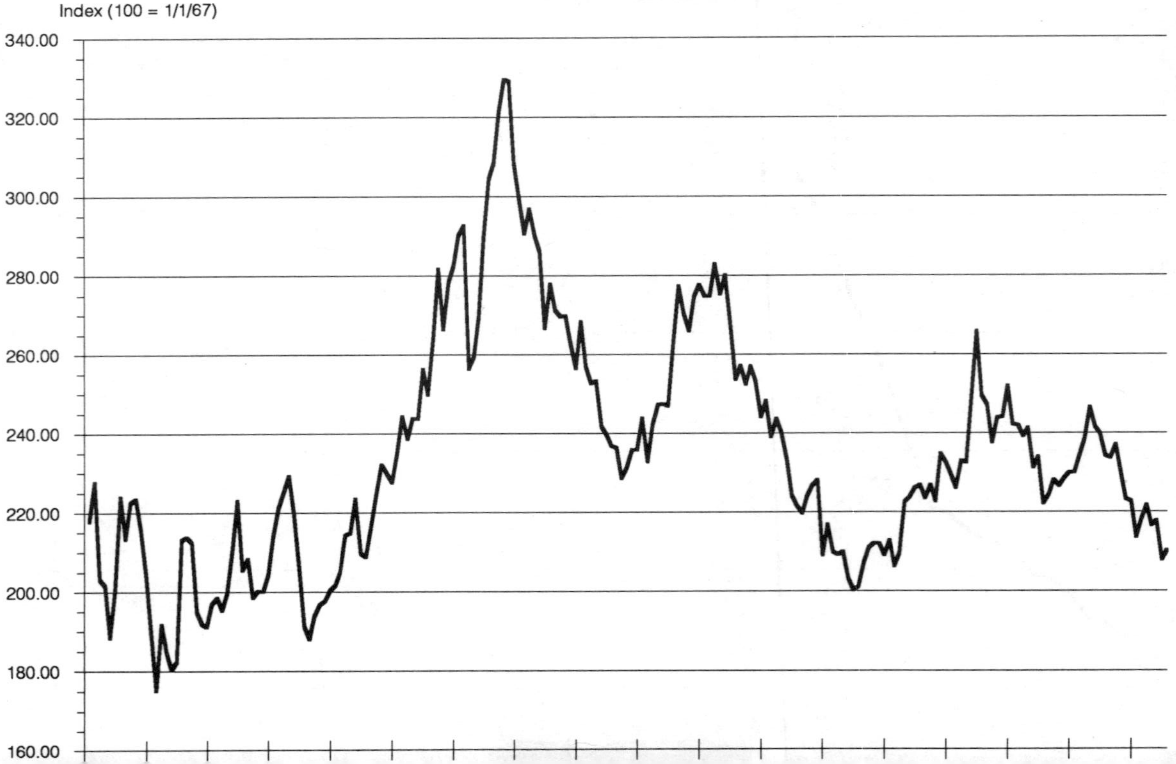

(Veränderung auf Jahresbasis)

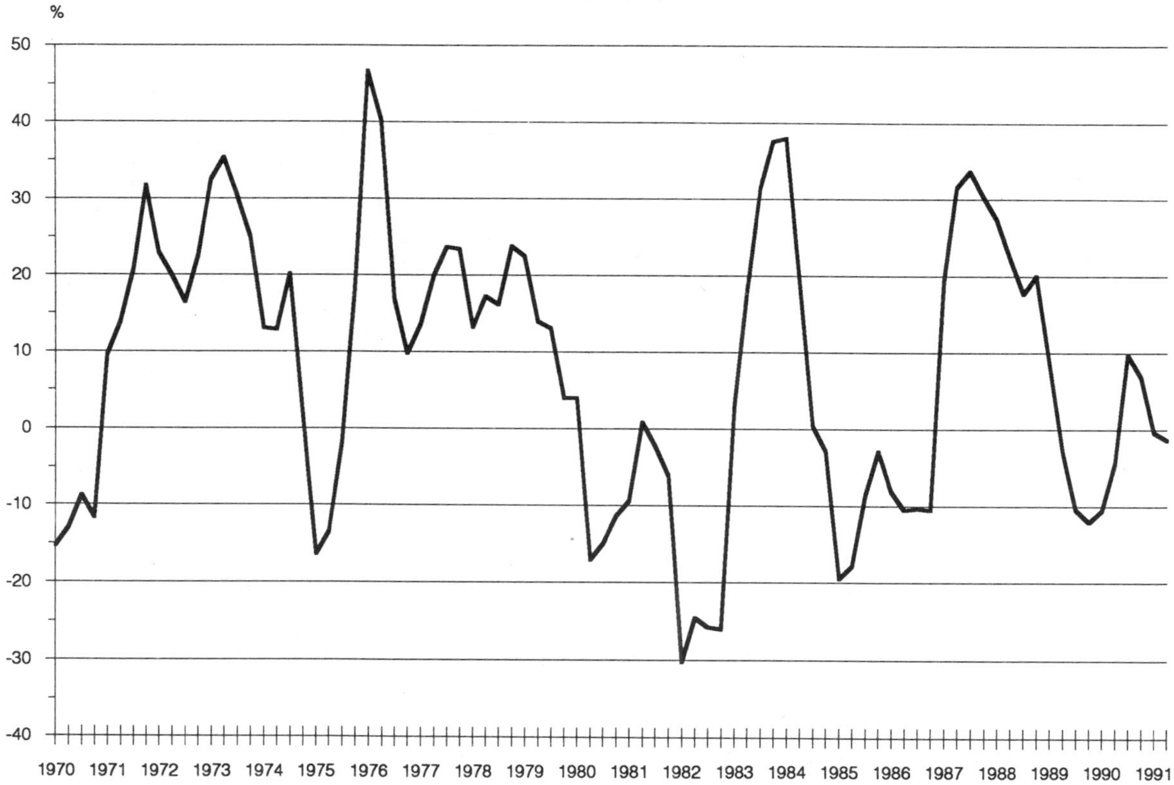

Quelle: Department of Commerce

Chart 26

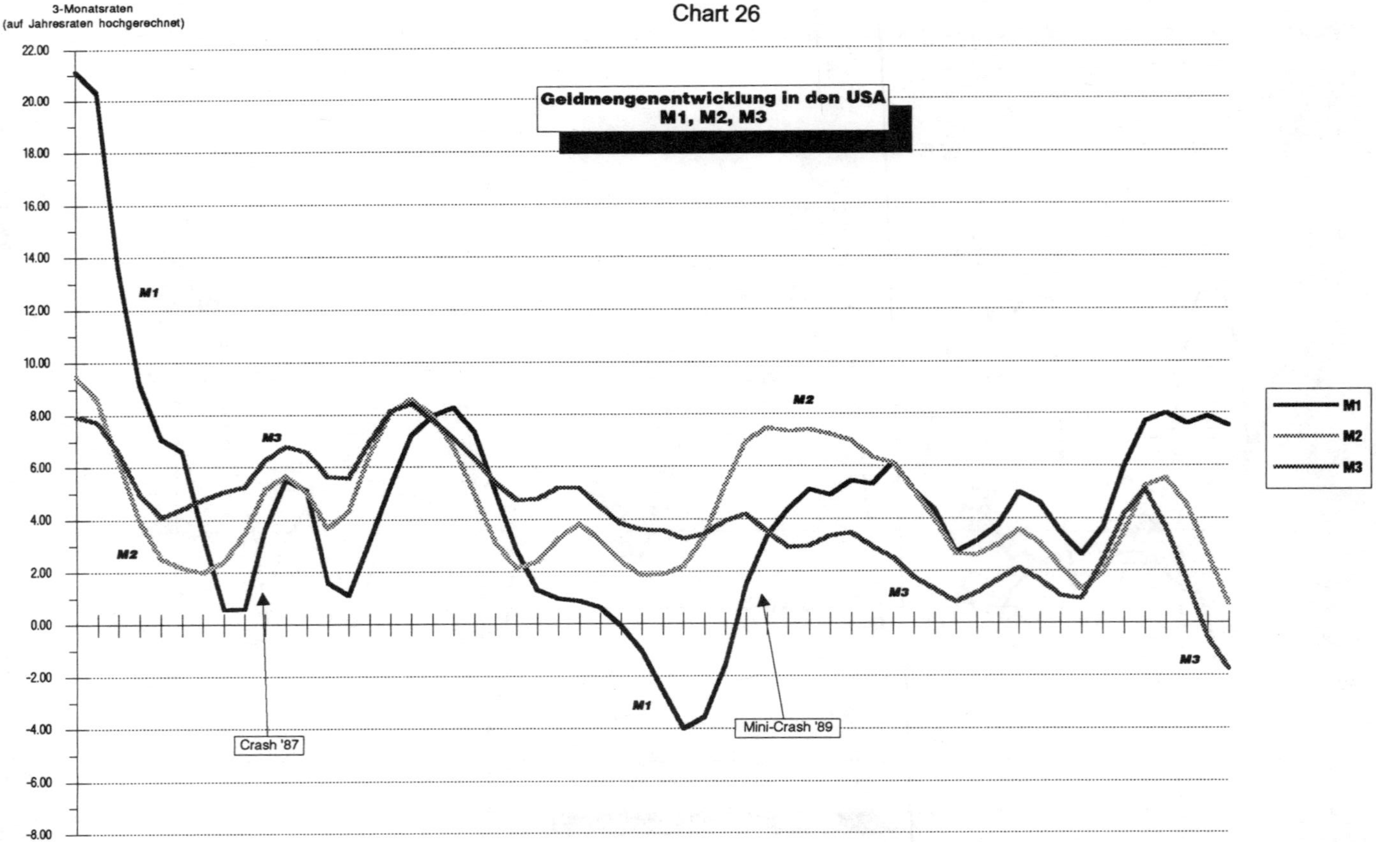
3-Monatsraten
(auf Jahresraten hochgerechnet)
Geldmengenentwicklung in den USA
M1, M2, M3
22.00
20.00
18.00
16.00
14.00
12.00
10.00
8.00
6.00
4.00
2.00
0.00
-2.00
-4.00
-6.00
-8.00
M1
M2
M3
Crash '87
Mini-Crash '89

3-Monatsraten auf dem Euromarkt

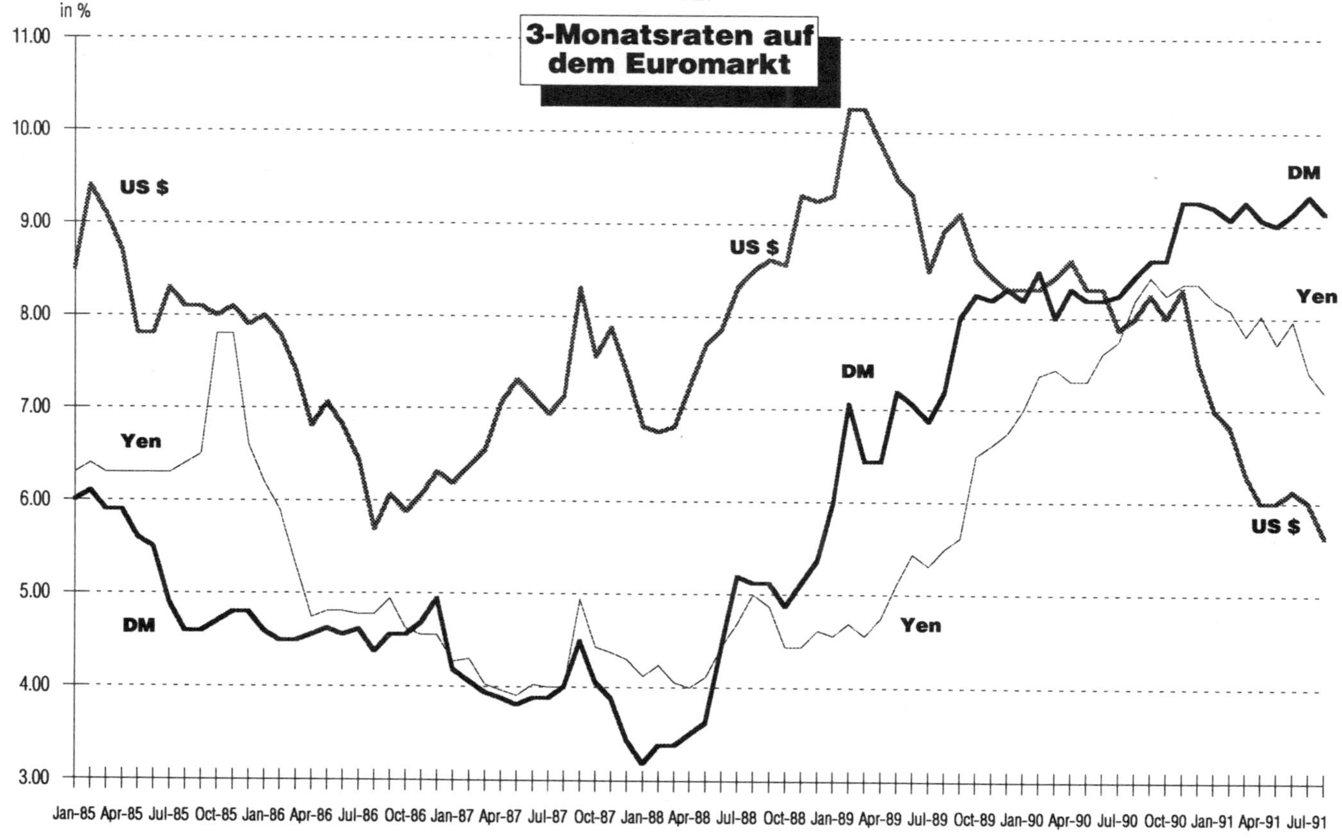

Chart 28

Geldmenge M2
(Veränderung auf Jahresbasis)

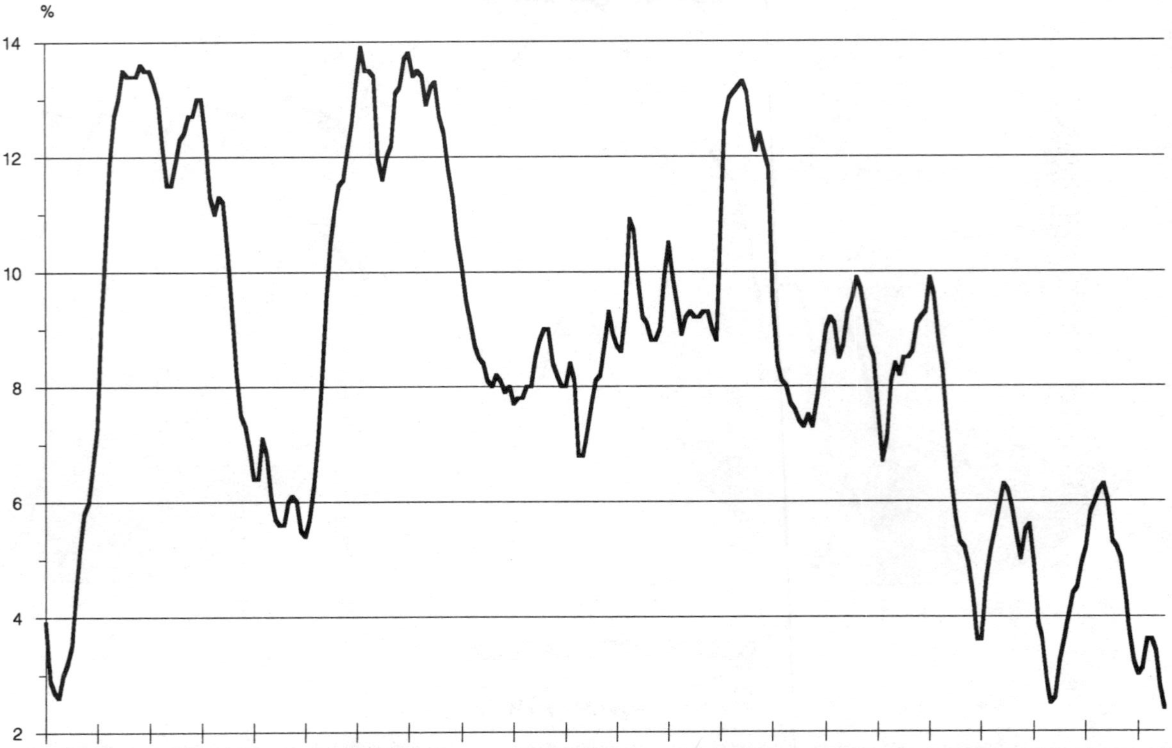

Chart 29

Ausgewogenes Portefeuille

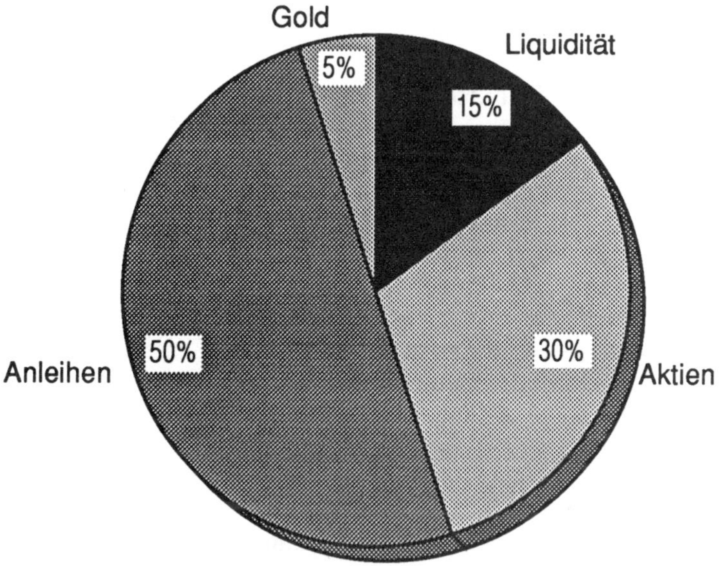

Defensives Portefeuille

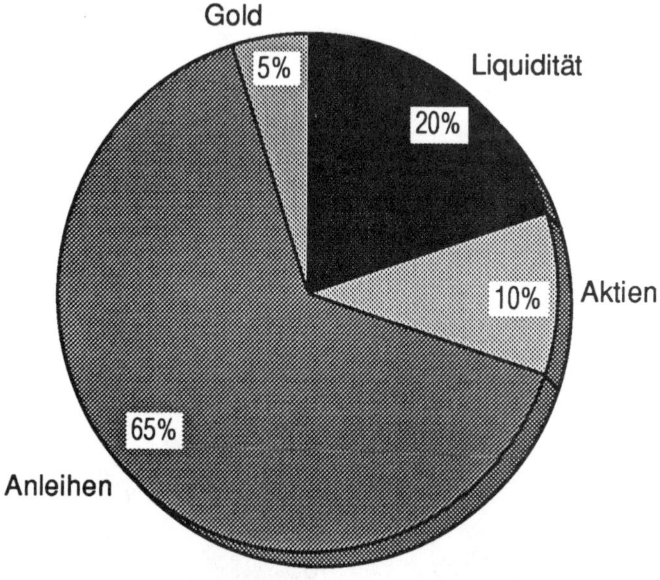

LITERATURVERZEICHNIS

John Kenneth Galbraith, "Der große Crash 1929", Heyne Sachbuch
Konrad Seitz, "Die japanisch-amerikanische Herausforderung", Verlag Bonn Aktuell
Ravi Batra, "Die große Rezession von 1990", Heyne Sachbuch
Peter Lynch, "Der Börse einen Schritt voraus", Börsenbuch-Verlag, Hofmann & Förtsch KG
Seth Lipsky, "The Iconoclast", Dow Jones Publishing Company
Jack Kemp, Roland Leuschel, "Die amerikanische Idee", Wirtschaftsverlag Langen-Müller
Volkmar Muthesius, "Augenzeuge von drei Inflationen", Fritz Knapp Verlag
Bernard M. Baruch, "My Own Story", Holt, Rinehart and Winston, New York
Michael Lewis, "Wall Strett Poker", deutsche Ausgabe Econ Verlag
Felix Somary, Memoiren, "The Raven of Zürich",englische Ausgabe, C. Hurst & Company, London
Roland Leuschel, "Vorhersehbare Überraschungen auf den Finanzmärkten 1988 - 89", Fortuna Finanz-Verlag, Zürich
Roland Leuschel, "Die 90er Jahre - ein Jahrzehnt der Europäer?", Deka International Leistungsbericht 1989